全国高等院校医学实验教学规划教材

健康评估实训教程

主　编　徐江华　王　宁　程　利
副主编　陈琼书　柯玉叶　商　丽
编　委（按姓氏汉语拼音排序）
陈琼书　程　利　洪　梅　柯　丽
柯玉叶　刘明秀　商　丽　王　宁
徐江华　姚引娣

科学出版社
北　京

内 容 简 介

本书的编写旨在加强学生健康评估实践能力和临床思维能力的培养，促进学生职业技能的提高。本书主要包括问诊、体格检查、心理与社会评估、常规心电图检查、基于高仿真模拟教学的护理评估综合实训五个章节。每个章节均设有学习目标、案例导入、操作程序、小结、思维导图、思考题等若干模块。其中，案例导入模块，使学生能够将本章所学内容融入临床情境中，使理论和实践做到有机结合；操作程序模块，将学生重点掌握的健康评估技能以表格的形式呈现出来，使操作流程一目了然、重点突出，便于学生迅速掌握相关技能；思维导图模块，将要点内容以图形的形式呈现，便于学生对本章节内容进行整体把握。最后，每章节末附有相关思考题，便于学生巩固、强化相关知识。

本书可作为护理学专业学生和广大临床护理人员学习健康评估技能的参考用书。

图书在版编目（CIP）数据

健康评估实训教程 / 徐江华，王宁，程利主编. —北京：科学出版社，2018.7
全国高等院校医学实验教学规划教材
ISBN 978-7-03-057948-5

Ⅰ. ①健… Ⅱ. ①徐… ②王… ③程… Ⅲ. ①健康-评估-医学院校-教材 Ⅳ. ①R471

中国版本图书馆 CIP 数据核字（2018）第 131223 号

责任编辑：周 园 / 责任校对：郭瑞芝
责任印制：赵 博 / 封面设计：王 融

科学出版社出版
北京东黄城根北街 16 号
邮政编码：100717
http://www.sciencep.com
北京中科印刷有限公司印刷
科学出版社发行 各地新华书店经销
*
2018 年 7 月第 一 版 开本：787 × 1092 1/16
2025 年 3 月第五次印刷 印张：9 1/2
字数：227 000

定价：38.00 元

（如有印装质量问题，我社负责调换）

前　　言

《健康评估》是护理学专业学生必修的主干课程，是连接护理学基础课和专业课的桥梁课程。同时，健康评估作为护理程序的首要环节，评估是否准确、全面直接决定着后续高质量护理措施的实施。本书的编写旨在加强学生健康评估实践能力和临床思维能力的培养，促进学生职业技能的提高。

本书主要包括问诊、体格检查、心理与社会评估、常规心电图检查、基于高仿真模拟教学的护理评估综合实训五个章节。每个章节均设有学习目标，使学生能快速、准确把握本章节学习要点。为培养学生的临床思维能力，每个章节均设有“案例导入”环节，使学生能够将本章所学内容融入临床情境中，使理论和实践做到有机结合。另外，本书将学生重点掌握的健康评估技能以表格的形式呈现出来，操作流程一目了然，重点突出，便于学生迅速掌握相关技能。章节末又以思维导图的形式将要点内容再次呈现，便于学生对本章节内容的整体把握。最后，每章节末附有相关思考题，便于学生巩固、强化相关知识。本书可作为护理学专业学生和广大临床护理人员学习健康评估技能的参考用书。

鉴于编者水平有限，书中难免存在不足之处，敬请各位专家学者、广大师生和读者不吝赐教，予以指正。

徐江华

2018年4月

目　　录

第一章 问 诊

第一节 健康史采集

【学习目标】

识记 健康史的内容、问诊方法、沟通技巧。
理解 健康史采集的目的及临床意义。
运用 能够熟练运用问诊方法、沟通技巧，全面收集健康史资料。
能够提出相关护理诊断及其相关因素。
能够正确书写“首次入院护理评估单”。

【案例导入】

某病人，女，55 岁，因“反复发热、鼻塞 2 个月余”入院。病人于 2 个月前无明显诱因反复发热，最高体温达 38.5℃，自服退热药后可缓解。同时伴右侧鼻塞，偶有咽痛，无乏力、盗汗。

问题：

1. 作为责任护士，对该病人进行问诊时需要收集哪些健康史资料？
2. 问诊过程中需要注意哪些沟通技巧？
3. 如何正确书写主诉和现病史？

【操作程序】

项目	操作内容与方法	注意事项	分值
问诊前准备（10 分）	护士准备：衣帽整洁、仪表规范，修剪指甲、洗手、戴口罩		2 分
	用物准备：首次入院护理评估单、笔		4 分
	病人准备：理解问诊目的，愿意合作，采取舒适体位		2 分
	环境准备：环境安静、整洁，温、湿度适宜，并具有私密性		2 分
问诊过程（80 分）	向病人做自我介绍，核对病人，协助其采取舒适体位，并做好解释工作，取得病人配合	注意使用适宜的称呼语，不宜直呼其名或床号	3 分
	1. 询问基本资料： 内容包括病人的姓名、性别、年龄、职业、民族、籍贯、婚姻状况、文化程度、宗教信仰、家庭住址及联系电话、医疗费用支付方式、入院时间、入院诊断、入院类型、入院方式、资料来源、可靠程度及收集资料的时间等	尽量直接询问病人，若资料来源不是病人本人，应注明与病人的关系	3 分
	2. 询问主诉、现病史： 主诉是病人感觉最主要、最明显的症状或体征及其性质和持续时间，即病人此次就诊的主要原因。现病史是围绕主诉详细描述病人自患病以来健康问题的发生、发展、演变和诊疗、护理的全过程，是健康史的主体部分。内容包括：①起病情况与患病时间。起病情况指起病缓急及在何种情况下发生，要问清起病的地点、环境；患病时间指自起病至就诊或入院的时间。	1. 应明确症状开始的确切时间，根据时间顺序询问病情的发展与演变，避免资料的遗漏	30 分

续表

<table>
<tr><th>项目</th><th>操作内容与方法</th><th>注意事项</th><th>分值</th></tr>
<tr><td rowspan="6">问诊过程
（80分）</td><td>②病因与诱因：指与本次发病有关的病因和诱因。③主要症状特点：包括症状出现的部位、性质、持续时间、发作频率、严重程度及有无使其加重或缓解的因素等。④伴随症状：指与主要症状同时或随后出现的其他症状，了解主要症状与伴随症状之间的关系。⑤病情的发展与演变：指患病过程中主要症状的变化或新症状的出现。⑥诊疗和护理经过：指病人发病后到入院前，曾在何时何地接受了哪些诊疗及护理措施，做了哪些检查，诊断为何种疾病，用了哪些药物，应详细记录药名、剂量、用法、疗效、不良反应等</td><td rowspan="6">2. 询问不同病史资料时，注意使用过渡语言，使病人明确采集不同病史资料的目的。如从现病史转为询问既往史前，这样过渡：“刚刚我们谈的是您此次发病的情况，现在我需要了解一下您以前的健康状况，以便判断和您目前疾病的关系。”
3. 问诊时应尽量采用开放式提问，少用闭合式提问；恰当运用肯定、鼓励、赞扬，表现出接受和尊重的态度，使病人受到鼓舞而积极提供信息；避免诱导性、逼问性、责难性、连续性提问；避免无计划地重复性提问。另外还要注意非语言性沟通技巧的运用，如恰当地注视病人、适当的面部表情、点头示意、身体前倾等，使病人感到轻松自在，易于交流
4. 与病人交谈时应避免使用医学术语，使用常人易懂的、熟悉的词语代替难懂的医学术语
5. 注意把握问诊进度，若病人谈论内容与病史无关，注意礼貌地引导病人回到正题
6. 每一类病史资料评估结束时，应及时归纳总结，避免遗漏；对有疑问、矛盾的信息及时核实，尽可能保证病史准确
7. 问诊结束时，使用适当的结束语表示问诊结束，并告知下一步的治疗或护理安排</td><td>30分</td></tr>
<tr><td>3. 询问日常生活状况：①饮食与营养状况，平时饮食习惯（饮食种类、量、每日进餐次数等）、近期食欲、饮水情况、近期体重变化等。②大小便状况：大小便次数、性状、量、颜色、气味，有无异常，有无辅助排便、排尿等措施。③休息与睡眠状况：有无睡眠异常，如入睡困难、多梦、失眠、早醒，是否需要借助药物或其他方式辅助入睡。④日常生活活动与自理能力：活动耐力情况，从事进食、穿衣、洗漱、如厕、做饭、购物等日常生活自理能力</td><td>10分</td></tr>
<tr><td>4. 询问既往史：①既往的健康状况及曾患疾病，重点了解与现在疾病有密切关系的疾病。②有无急、慢性传染病史及传染病接触史，若有应详细询问患病名称及时间、主要临床表现、诊疗经过、疾病控制情况等。③预防接种史。④有无外伤史、手术史、输血史，若有应详细询问发生时间、原因、诊疗经过及转归等。⑤有无过敏史，若有应详细询问对何种食物、药物或接触物过敏，过敏发生时间、过敏反应的具体表现和处理过程</td><td>10分</td></tr>
<tr><td>5. 询问个人史：①出生及成长情况：出生地及久居地，职业与工作条件，有无工业毒物、粉尘、放射性物质接触史。②月经史：育龄期女性的月经情况，如初潮年龄、月经周期、经期天数、月经量、色、经期反应、有无痛经等；已绝经女性的绝经情况，如绝经年龄。③婚育史：婚姻状况、结婚年龄、配偶健康状况、妊娠与生育情况、人工流产或自然流产情况，有无生殖系统疾病等。④生活习惯及嗜好：有无烟、酒、毒品等嗜好，若有应详细询问接触烟、酒、毒物的时间、量、种类，有无戒除等。⑤有无冶游史</td><td>10分</td></tr>
<tr><td>6. 询问家族史：了解直系亲属，如父母、兄弟姐妹、子女的健康、疾病状况，有无家族性、遗传性、传染性疾病等。如亡故，应问明死因及年龄</td><td>7分</td></tr>
<tr><td>7. 询问心理社会状况：包括自我概念、认知功能、情绪、对疾病的认知、应激与应对、价值观与信念、职业状况、生活与居住环境、家庭关系等</td><td>7分</td></tr>
<tr><td>问诊后处理
（5分）</td><td>整理、记录：问诊完毕，协助病人取舒适体位，整理床单位。洗手，对收集的资料进行归纳、整理，填写首次入院护理评估单</td><td>1. 书写主诉时应高度概括、简明扼要，要体现主要症状或体征、性质、时间三要素,一般不超过20个字；如果主诉包括前后不同时间出现的几个症状，则应按其发生的先后顺序排列
2. 现病史应围绕主诉的发生时间和特点进行描述，时间要与主诉一致；书写现病史时应注意逻辑清晰、层次分明，按照疾病的发展和演变描述</td><td>5分</td></tr>
</table>

续表

项目	操作内容与方法	注意事项	分值
问诊后处理（5分）	整理、记录：问诊完毕，协助病人取舒适体位，整理床单位。洗手，对收集的资料进行归纳、整理，填写首次入院护理评估单	3. 书写既往史时，与本次疾病无关，且不需治疗的疾病应简要记录在既往史中，如存在需要治疗者，可在现病史后分段记录	5分
评价（5分）	问诊过程中语言温和、态度亲切、举止端庄，能够尊重病人，充分体现人文关怀		2分
	问诊规范、熟练，问诊内容全面、无遗漏，能够运用问诊技巧，与病人有效沟通		3分
总分			100分

【小结】

问诊是护理程序的第一步，也是护士与病人建立良好护患关系的基础，目的是为了收集被评估者的健康史资料，以了解其所患疾病的发生、发展和演变过程及生理、心理、社会健康状况，为提出护理诊断、制订护理计划、实施护理措施提供重要依据。

常用问诊模式有两种：生理-心理-社会模式和功能性健康型态模式，前者在临床上更常用。按照生理-心理-社会模式进行问诊，需要收集的健康史资料包括：基本资料、主诉、现病史、日常生活状况、既往史、个人史、家族史、心理社会状况。问诊过程中，需要掌握一定的方法和技巧，以确保准确、全面地收集健康史资料。

【思维导图】

健康史采集
生理-心理-社会模式问诊内容
基本资料
主诉
现病史
起病情况与患病时间
病因与诱因
主要症状特点
伴随症状
病情的发展与演变
诊疗和护理经过
日常生活状况
饮食与营养状况
大小便
休息与睡眠
日常生活活动与自理能力
既往史
既往健康状况及曾患疾病
传染病史及接触史
预防接种史
外伤史
手术史
输血史
过敏史
个人史
出生及成长情况
月经史
婚育史
生活习惯及嗜好
冶游史
家族史
心理社会状况
自我概念
认知功能
情绪
对疾病的认知
应激与应对
价值观与信念
职业状况
生活与居住环境
家庭关系
功能性健康型态模式问诊内容
基本资料
主诉
现病史
既往史
功能性健康型态
健康感知与健康管理型态
营养与代谢型态
排泄型态
活动与运动型态
睡眠与休息型态
认知感知型态
自我概念型态
角色与关系型态
性与生殖型态
压力与应对型态
价值与信念型态

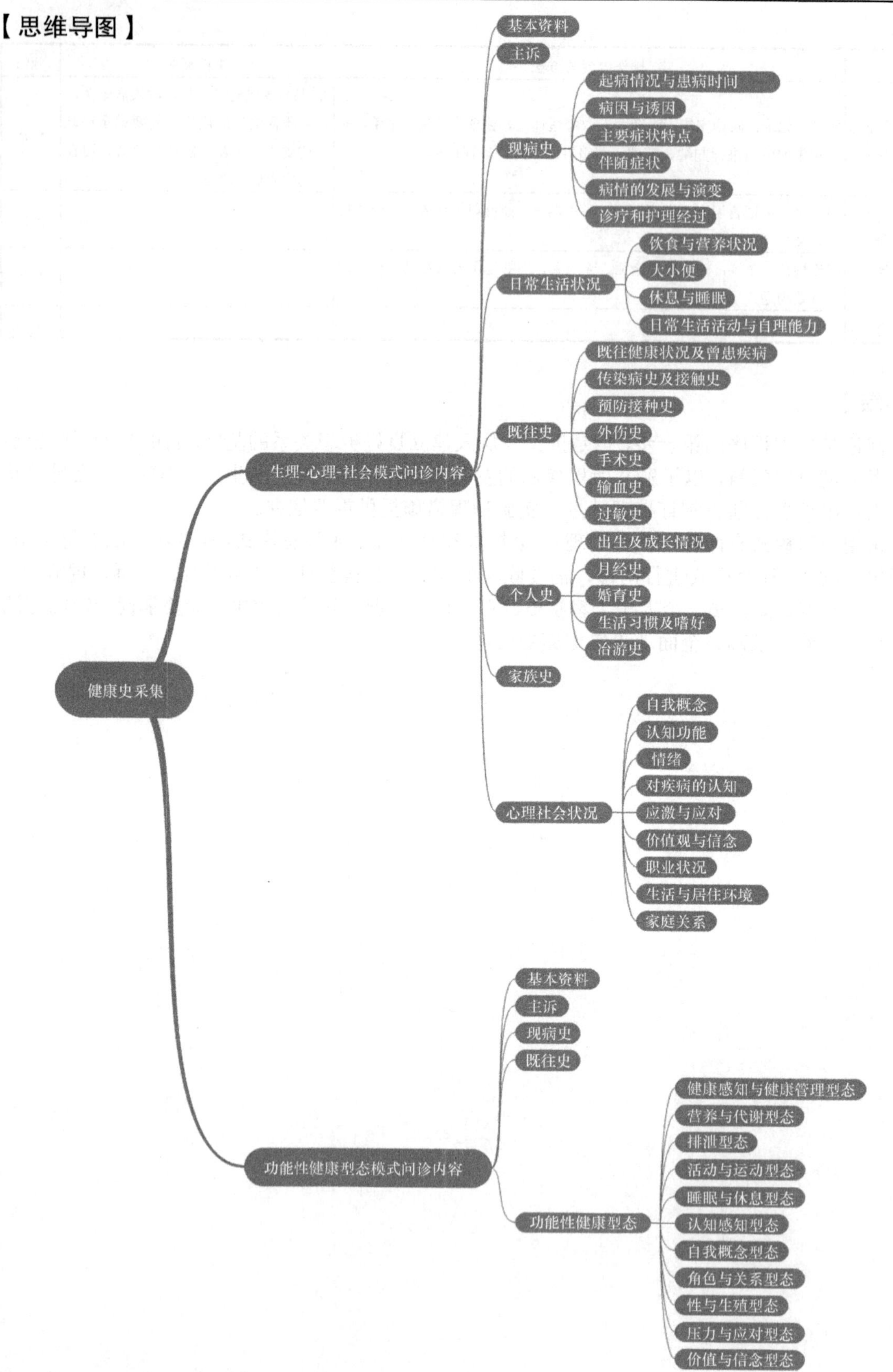

【思考题】

1. 最准确、最可靠的健康资料来源是（ ）
A. 病人　B. 医生　C. 护士
D. 陪护　E. 病友
2. 可使用医学术语的是（ ）
A. 记录客观资料时　B. 记录主观资料时　C. 与病人家属交谈时
D. 与病人交谈时　E. 以上均可
3. 下列问诊技巧不正确的是（ ）
A. 避免重复提问　B. 提问时注意条理性　C. 开始提出一般性问题
D. 首次问诊前应做自我介绍
E. 若病人对问题答案模糊不清时，可对其稍加诱导及提示
4. 下列不符合主诉要求的是（ ）
A. 上腹部疼痛反复发作 3 年，加重 2 小时
B. 尿急、尿频、尿痛 2 天
C. 活动后心慌气短 2 年，下肢水肿半个月
D. 反复咳嗽、咳痰、喘息 20 年，加重 2 年
E. 反复发作的右侧头痛
5. 关于主诉的描述，错误的是（ ）
A. 病人最主要最痛苦的感受　B. 病人最明显的症状或体征
C. 医护人员对病人的诊断用语　D. 病人本次就诊的原因
E. 病人检查的阳性结果
6. 现病史资料不包括（ ）
A. 主要症状特点　B. 病因与诱因　C. 伴随症状特点.
D. 系统回顾　E. 起病情况与患病时间
7. 下列属于现病史资料的是（ ）
A. 预防接种史　B. 手术史　C. 外伤史
D. 婚育史　E. 入院前诊疗经过
8. 下列问诊方法正确的是（ ）
A. 你头痛发作时有恶心呕吐吗　B. 你上腹部疼痛时向右肩放射吗
C. 你胸痛时还有别的不舒服吗　D. 你是不是下午发热
E. 你有里急后重吗
9. 婚姻史的内容不包括（ ）
A. 被评估者婚否　B. 有无淋病、梅毒等性病接触史　C. 配偶健康状况
D. 性生活情况　E. 夫妻关系
10. 询问月经史不包括（ ）
A. 初潮年龄
B. 月经周期与经期
C. 月经量、色、痛经及有无白带
D. 妊次产次及人工流产史
E. 末次月经、闭经或绝经日期

11. 如何对情绪异常的病人进行问诊？

第二节　呼吸系统疾病病人常见症状问诊

【学习目标】

识记　问诊的内容及方法。

呼吸系统疾病病人常见症状及其评估要点。

理解　呼吸系统疾病病人常见症状的病因及发病机制。

运用　能够充分运用问诊的方法、技巧，与病人良好沟通，全面收集健康史资料。

能够提出相关护理诊断及其相关因素。

能够正确书写“首次入院护理评估单”。

【知识回顾】

呼吸系统疾病病人常见症状如下。

一、咳嗽与咳痰

（一）评估要点

1. 咳嗽与咳痰的特点　起病情况、发病时间、有无节律性；咳嗽的性质、程度、音色、持续时间；痰液的颜色、性状、量、气味，能否有效咳痰；使咳嗽与咳痰加重或缓解的因素；有无其他伴随症状，如发热、盗汗、乏力、咯血、胸痛、呼吸困难等。

2. 病因与诱因　有无与咳嗽、咳痰有关的疾病史、用药史、吸烟史、粉尘接触史等，有无明确的诱因，咳嗽是否与体位、环境、气候、活动、职业、年龄、性别等有关。

3. 咳嗽与咳痰对病人的影响　有无因咳嗽、咳痰影响饮食、睡眠、大小便、自理能力、日常活动、工作和社会交往；有无焦虑、恐惧等心理情绪变化及家庭社会支持情况。

4. 诊疗与护理经过　已接受的诊断性检查项目及结果，已采用的治疗或护理措施，包括是否接受止咳、祛痰治疗，所用药物名称、剂量、给药途径及效果。

（二）常用护理诊断

1. 清理呼吸道无效　与痰多、黏稠或病人疲乏、胸痛、意识障碍导致无效咳嗽有关。

2. 活动无耐力　与长期频繁咳嗽，营养摄入不足、机体组织缺氧有关。

3. 睡眠型态紊乱　与夜间频繁咳嗽有关。

4. 营养失调：低于机体需要量　与长期频繁咳嗽所致能量消耗增加、营养摄入不足有关。

5. 焦虑/恐惧　与疾病迁延、病情危重或经济负担有关。

6. 有感染的危险　与痰多、黏稠、不易排出有关。

7. 知识缺乏　缺乏对疾病发作的预防及吸烟有害健康方面的知识。

8. 潜在并发症　自发性气胸、肺不张。

二、肺源性呼吸困难

（一）评估要点

1. 呼吸困难的特点　起病情况、发病时间、有无节律性；呼吸困难的种类，是吸气性、呼气性还是混合性呼吸困难；能否平卧，夜间有无憋醒；持续时间，使呼吸困难加重或缓解的因素；有无其他伴随症状，如发热、咳嗽、咳痰、咯血、胸痛等。

2. 病因与诱因 有无与呼吸困难有关的疾病史、用药史、吸烟史、粉尘接触史等，有无明确的诱因，呼吸困难是否与体位、环境、气候、活动、职业、年龄、性别等有关。

3. 呼吸困难对病人的影响 有无因呼吸困难影响饮食、睡眠、大小便、自理能力、日常活动、工作和社会交往；有无心理情绪变化及家庭社会支持情况。

4. 诊疗与护理经过 已接受的诊断性检查项目及结果，已采用的治疗或护理措施，包括是否接受氧疗及氧疗的流量、浓度、效果，是否用药及药物的名称、剂量、给药途径及效果。

（二）常用护理诊断

1. 气体交换障碍 与呼吸道痉挛、呼吸面积减少、换气功能障碍有关。

2. 低效性呼吸型态 与上呼吸道梗阻或心肺功能不全有关。

3. 活动无耐力 与呼吸困难所致机体能量消耗增加和缺氧有关。

4. 自理缺陷 与严重缺氧、呼吸困难、机械通气有关。

5. 语言沟通障碍 与严重喘息或机械通气有关。

6. 睡眠型态紊乱 与夜间呼吸困难有关。

7. 焦虑/恐惧 与疾病迁延、病情危重或经济负担有关。

8. 知识缺乏 缺乏氧疗相关的知识。

9. 潜在并发症 重要器官缺氧性损伤。

三、咯血

（一）评估要点

1. 咯血的特点 起病情况、发病时间、持续时间，每日咯血次数、颜色、性状、量、速度等，使咯血加重或缓解的因素；有无其他伴随症状，如呼吸困难、胸痛、发热、乏力、盗汗、消瘦；恶心、呕吐、腹痛、黑便；其他部位出血等。咯血应注意与呕血相鉴别。

2. 病因与诱因 有无与咯血有关的疾病史，如肺结核、支气管扩张、支气管肺癌、心脏病、全身出血性疾病等病史，有无肿瘤、创伤及手术史。有无明确的诱因，咯血是否与季节、地域、饮食等有关。

3. 咯血对病人的影响 有无因咯血影响饮食、睡眠、大小便、自理能力、日常活动、工作和社会交往；有无心理情绪变化及家庭社会支持情况。

4. 诊疗与护理经过 已接受的诊断性检查项目及结果，已采用的治疗或护理措施，包括是否接受止血治疗，所用药物名称、剂量、给药途径及效果。

（二）常用护理诊断

1. 焦虑/恐惧 与咯血不止或担心疾病预后有关。

2. 潜在并发症 大咯血、窒息。

四、胸痛

（一）评估要点

1. 胸痛的特点 起病情况、发病时间、有无节律性；疼痛部位，有无牵涉性、放射性或转移性疼痛，疼痛性质、程度、持续时间，使疼痛加重或缓解的因素等；有无其他伴随症状，如咳嗽、咳痰、发热、呼吸困难、咯血、面色苍白、出冷汗、血压下降或休克、吞咽困难等。

2. 病因与诱因 有无与胸痛有关的疾病史、外伤、手术史，有无明确的诱因，胸痛是否与深呼吸、咳嗽、情绪、活动、年龄、性别等有关。

3. 胸痛对病人的影响 有无因胸痛影响饮食、睡眠、大小便、自理能力、日常活动、工作和社会交往；有无心理情绪变化及家庭社会支持情况。

4. 诊疗与护理经过 已接受的诊断性检查项目及结果，已采用的治疗或护理措施，包括是否使用止痛药物，药物的名称、剂量、给药途径及效果，是否采用其他止痛措施及疗效。

（二）常用护理诊断

1. 疼痛胸痛 与肺部炎症波及壁层胸膜有关。

2. 睡眠型态紊乱 与夜间疼痛剧烈有关。

3. 焦虑/恐惧 与疼痛迁延不愈或担心疾病预后有关。

【案例举例】

某病人，女，68岁，因“反复咳嗽、咳痰、气促10余年，加重伴呼吸困难1周”入院。请依据此主诉为主线进行深入问诊，获得完整健康史资料。

【问诊程序】

项目	问诊流程及问诊提纲	分值
问诊前准备（10分）	护士准备：衣帽整洁、仪表规范，修剪指甲、洗手、戴口罩	2分
	用物准备：首次入院护理评估单、笔	4分
	病人准备：理解问诊目的，愿意合作，采取舒适体位	2分
	环境准备：环境安静、整洁，温、湿度适宜，并具有私密性	2分
问诊过程（80分）	向病人做自我介绍，核对病人床号、姓名、住院号，协助其采取舒适体位，并做好解释工作，取得病人配合 “您好，我是您的责任护士××，请问您是1床××吗？因为您刚入院，我需要收集您的病情资料，以便为您提供更全面的护理，谢谢您的配合。”	3分
	1. 询问基本资料： “接下来，我需要收集您的基本资料。”内容包括病人的姓名、性别、年龄、职业、民族、籍贯、婚姻状况、文化程度、宗教信仰、家庭住址及联系电话、医疗费用支付方式、入院时间、入院诊断、入院类型、入院方式、资料来源及收集资料的时间等	3分
	2. 询问主诉、现病史： “请问您是因为什么不舒服入院的？ “咳嗽有多长时间了？一般什么情况下会咳嗽？每次持续多长时间？咳嗽和体位、活动、进食、天气、环境等有关系吗？一天当中什么时候咳得厉害些？怎样能够缓解？咳嗽时声音有什么特点？ 咳嗽有痰吗？痰是什么颜色的？痰是泡沫状、黏液状还是脓性的？每天咳痰量大约有多少？有什么特殊气味吗？每次咳痰都能咳出来吗？ 您刚刚说除了咳嗽、咳痰，还感觉喘不上气来，这有多久了？一般什么情况下会觉得喘不上气来？和体位、活动、进食、天气、环境等有关系吗？怎样能够缓解？是觉得吸气困难，呼气困难，还是都很困难？ 这次发病还有没有其他不舒服？有没有发热、胸痛、头晕的情况？ 以前出现过这种情况吗？最早是什么时候开始出现的？以前发病是什么情况？和现在相比有什么不同？ 入院前有没有治疗过？有没有明确诊断是什么疾病？是如何治疗的？平时服用什么药物？每天服药几次？每次剂量多少？效果如何？”	30分

续表

项目	问诊流程及问诊提纲	分值
问诊过程（80分）	**3. 询问日常生活状况：** “平时饮食习惯如何？本次患病以来，食欲怎么样？睡眠有没有影响？大小便是否正常？体力状态如何？体重有没有明显变化？精神状态如何？”	10分
	4. 询问既往史： “以往的健康状况如何？是否患有高血压、糖尿病、心脏病等慢性病？（若有）这些慢性病平时管理控制得如何？ 有没有做过手术？（若有）什么时候做的？做的什么手术？因为什么做手术？ 有没有受过外伤？（若有）什么时候发生的？具体外伤情况是什么？ 有没有对食物或药物过敏的情况？（若有）具体对什么食物或药物过敏？请描述当时的具体情况，有什么过敏反应？当时是如何处理的？”	10分
	5. 询问个人史： “平时有没有吸烟饮酒的嗜好？（若有）吸烟有多长时间了？平时每天吸烟多少支？饮酒有多长时间了？平时每天饮酒多少？主要饮用什么酒？（若已经戒烟戒酒）请问戒烟戒酒多长时间了？戒除前吸烟饮酒的情况是什么？ 是否已绝经？绝经年龄？ 是否已婚？结婚年龄？配偶的健康状况如何？有没有生育过孩子？生育年龄？怀孕过几次？生育有几个孩子？”	10分
	6. 询问家族史： “您父母、子女、兄弟姐妹身体状况如何？（若父母已去世，询问去世的原因及年龄。）家人中有没有出现类似病情的？家族中有没有患有传染病、遗传病等情况的？”	7分
	7. 询问心理社会状况：具体方法见第三章	7分
问诊后处理（5分）	整理、记录：问诊完毕，协助病人取舒适体位，整理床单位。洗手，对收集的资料进行归纳、整理，填写首次入院护理评估单	5分
评价（5分）	问诊过程中语言温和、态度亲切、举止端庄，能够尊重病人，充分体现人文关怀	2分
	问诊规范、熟练，问诊内容全面、无遗漏，能够运用问诊技巧，与病人有效沟通	3分
总分		100分

【小结】

呼吸系统疾病病人常见症状包括咳嗽与咳痰、肺源性呼吸困难、咯血、胸痛。评估上述症状时，均应从以下四方面展开：①症状特点；②可能存在的病因与诱因；③症状对病人的影响；④诊疗与护理经过。

【思维导图】

呼吸系统疾病病人常见症状问诊
咳嗽与咳痰
评估要点
咳嗽性质、程度、音色、持续时间、节律性；痰液颜色、性状、量、气味，能否有效咳痰
病因与诱因
对病人日常生活及心理情绪的影响
诊疗与护理经过
常用护理诊断
清理呼吸道无效
活动无耐力
睡眠型态紊乱
营养失调
焦虑/恐惧
有感染的危险
知识缺乏
潜在并发症：自发性气胸、肺不张
肺源性呼吸困难
评估要点
呼吸困难种类、程度、持续时间、节律性
病因与诱因
对病人日常生活及心理情绪的影响
诊疗与护理经过
常用护理诊断
气体交换障碍
低效性呼吸型态
活动无耐力
自理缺陷
语言沟通障碍
睡眠型态紊乱
焦虑/恐惧
知识缺乏
潜在并发症：重要器官缺氧性损伤
咯血
评估要点
每日咯血次数、颜色、性状、量、速度、持续时间
病因与诱因
对病人日常生活及心理情绪的影响
诊疗与护理经过
常用护理诊断
焦虑/恐惧
潜在并发症：大咯血、窒息
胸痛
评估要点
胸痛部位、性质、程度、持续时间、节律性、缓解方式
病因与诱因
对病人日常生活及心理情绪的影响
诊疗与护理经过
常用护理诊断
疼痛：胸痛
睡眠型态紊乱
焦虑/恐惧

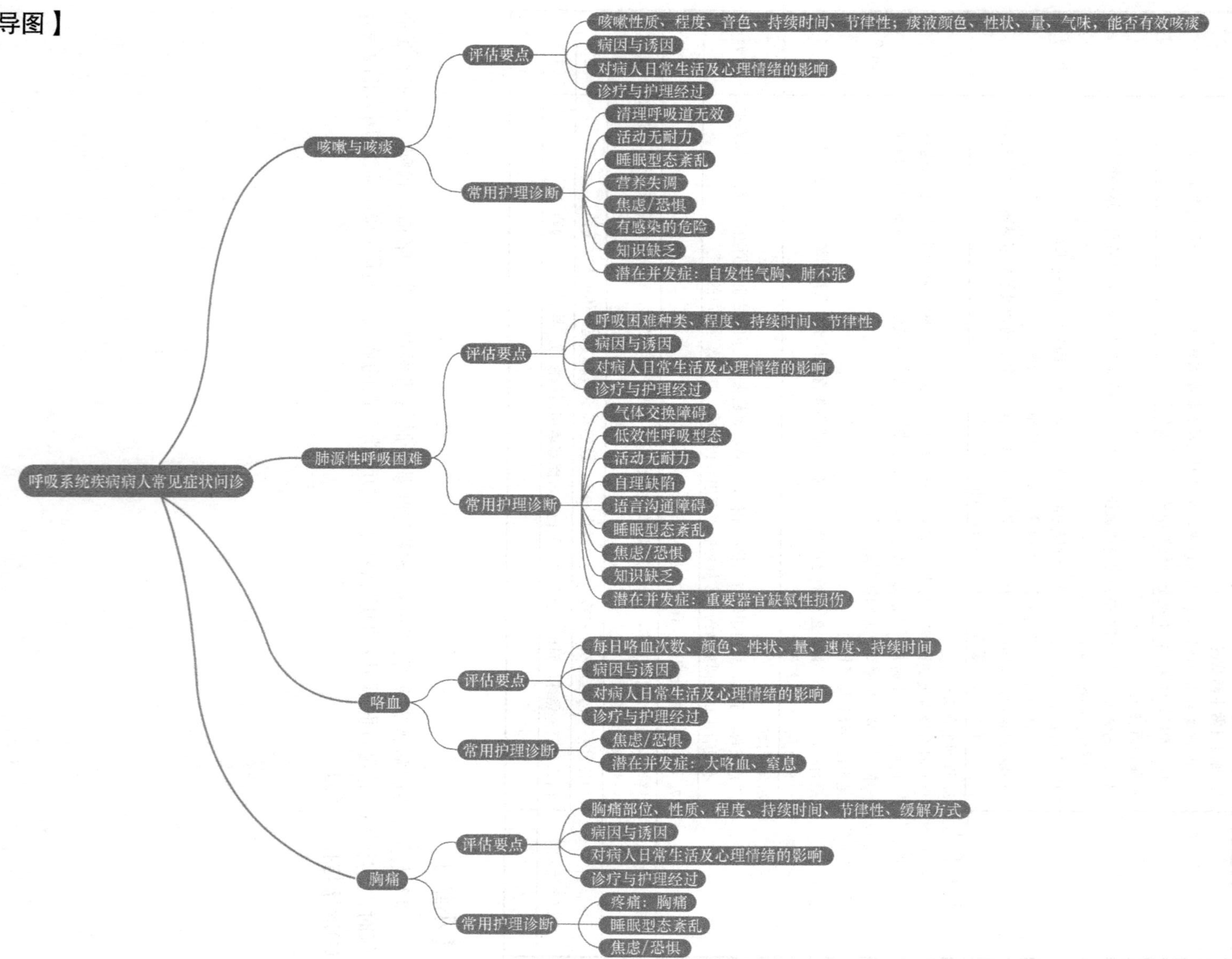

【思考题】

1. 咳大量脓臭痰最常见的疾病是（　　）
A. 慢性支气管炎　　B. 支气管哮喘　　C. 大叶性肺炎
D. 肺脓肿　　E. 肺结核
2. 大咯血病人可能发生的并发症，下列哪项除外（　　）
A. 窒息　　B. 肺不张　　C. 失血性休克
D. 继发感染　　E. 胸腔积液
3. 痰液有恶臭味，常见于（　　）
A. 大肠埃希菌感染　　B. 铜绿假单胞菌感染　　C. 金黄色葡萄球菌感染
D. 厌氧菌感染　　E. 真菌感染
4. 咳嗽伴声音嘶哑常见于（　　）
A. 肺癌压迫迷走神经　　B. 声带麻痹　　C. 气管异物
D. 恶病质　　E. 肺结核
5. 咯血直接致死的重要原因为（　　）
A. 肺部感染　　B. 窒息　　C. 肺不张
D. 失血性休克　　E. 肺梗死
6. 呼吸困难最常见的病因是（　　）
A. 呼吸系统疾病　　B. 心血管疾病　　C. 中毒
D. 血液病　　E. 神经精神因素
7. 下列各种情况中可导致吸气性呼吸困难的是（　　）
A. 支气管哮喘　　B. 喉头水肿　　C. 慢性支气管炎
D. 阻塞性肺气肿　　E. 左心功能不全
8. 上呼吸道部分梗阻时常出现（　　）
A. 呼气性呼吸困难　　B. 吸气性呼吸困难　　C. 混合性呼吸困难
D. 劳力性呼吸困难　　E. 夜间阵发性呼吸困难
9. 大咯血时病人突然发生呼吸困难、胸闷、烦躁不安、大汗淋漓、颜面发绀，该病人可能发生了（　　）
A. 窒息　　B. 肺不张　　C. 继发感染
D. 失血性休克　　E. 胸腔积液
10. 当病人出现咳嗽、咳痰症状时，如何展开评估？
11. 肺源性呼吸困难有哪些特点？
12. 如何鉴别咯血与呕血？
13. 病例分析：某病人，男，38 岁，因“突发胸痛、呼吸困难、咯血 2 小时”入院。请依据此主诉为主线进行深入问诊，获得完整健康史资料。

第三节　循环系统疾病病人常见症状问诊

【学习目标】

识记　问诊的内容及方法。
循环系统疾病病人常见症状及其评估要点。

理解　循环系统疾病病人常见症状的病因及发病机制。

运用　能够充分运用问诊的方法、技巧，与病人良好沟通，全面收集健康史资料。
能够提出相关护理诊断及其相关因素。
能够正确书写“首次入院护理评估单”。

【知识回顾】

循环系统疾病病人常见症状如下。

一、心源性呼吸困难

（一）评估要点

同第一章第二节“肺源性呼吸困难”。

（二）常用护理诊断

1. 气体交换障碍　与肺淤血、肺水肿或伴肺部感染有关。

2. 低效性呼吸型态　与心肺功能不全有关。

3. 活动无耐力　与呼吸困难所致机体能量消耗增加和缺氧有关。

4. 自理缺陷　与严重缺氧、呼吸困难、机械通气有关。

5. 语言沟通障碍　与严重喘息或机械通气有关。

6. 睡眠型态紊乱　与夜间呼吸困难有关。

7. 有皮肤完整性受损的危险　与长期卧床或强迫体位有关。

8. 焦虑/恐惧　与疾病迁延、病情危重或经济负担有关。

9. 知识缺乏　缺乏氧疗相关的知识。

10. 潜在并发症　重要器官缺氧性损伤。

二、心源性水肿

（一）评估要点

1. 水肿的特点　水肿起病急缓、持续时间（是持续性还是间歇性）、初始部位、发展顺序（是全身性或局限性）、性质（是否为对称性、凹陷性）、程度及局部的表现，与活动和体位的关系，使水肿加重或缓解的因素；有无其他伴随症状，如心悸、气短、咳嗽、咳痰、咯血；头痛、头晕、胸痛；腹胀、腹痛、厌食、消瘦及尿量变化等。

2. 病因与诱因　有无与水肿有关的疾病史，如右心衰竭、肾炎、肾病、肝硬化、甲状腺功能减退、慢性消耗性疾病等，有无蛋白质摄入不足，有无使用激素类药物，女性病人还应询问水肿是否与月经及妊娠有关。

3. 水肿对病人的影响　近期体重变化，有无尿量减少，严重水肿者有无皮肤水疱、破溃或继发感染，严重全身性水肿者有无血压升高、脉搏增快、活动后呼吸困难，大量胸、腹腔积液者有无活动受限、强迫体位及呼吸困难。

4. 诊疗与护理经过　已接受的诊断性检查项目及结果，已采用的治疗或护理措施，包括每日水、钠摄入情况，以及有否应用利尿剂，药名、给药途径、剂量、疗效及不良反应。

（二）常用护理诊断

1. 体液过多　与右心衰竭致体循环淤血、水钠潴留、低蛋白血症有关。

2. 有皮肤完整性受损的危险　与水肿所致组织、细胞营养不良有关。

3. 活动无耐力　与胸、腹腔积液所致呼吸困难或心功能不全所致容量负荷过重有关。

4. 潜在并发症 急性肺水肿。

三、胸痛

（一）评估要点

同第一章第二节“胸痛”。

（二）常用护理诊断

1. 疼痛：胸痛 与心肌缺血、缺氧有关。
2. 活动无耐力 与心肌氧的供需失调有关。
3. 睡眠型态紊乱 与夜间胸痛发作有关。
4. 焦虑/恐惧 与起病急、病情危重有关。
5. 知识缺乏 缺乏纠正危险因素、控制诱发因素、预防心绞痛发作的知识。

四、心悸

（一）评估要点

1. 心悸的特点 起病情况（询问心悸发生时进行的活动、体位）、持续时间、发作频率、性质及其程度，使心悸加重或减轻的因素；有无其他伴随症状，如心前区疼痛、发热、头晕、头痛、晕厥、抽搐；呼吸困难、消瘦、多汗、失眠等。

2. 病因与诱因 有无与心悸有关的疾病史，如心脏疾病、贫血、甲状腺功能亢进、自主神经功能紊乱、精神刺激史等；有无与心悸有关的用药史，如应用肾上腺素、麻黄碱、咖啡因、阿托品、甲状腺素等；有无明确的诱因，心悸是否与剧烈运动、情绪激动、睡眠质量差、饮酒、饮浓茶、饮咖啡等有关。

3. 心悸对病人的影响 有无因心悸影响饮食、睡眠、大小便、自理能力、日常活动、工作和社会交往；有无心理情绪变化及家庭支持情况。

4. 诊疗与护理经过 已接受的诊断性检查项目及结果，已采用的治疗或护理措施，包括是否使用药物，药物的名称、剂量、给药途径及效果，是否采用电复律、人工起搏等治疗及疗效。

（二）常用护理诊断

1. 活动无耐力 与心悸发作导致疲乏无力有关。
2. 睡眠型态紊乱 与心悸发作导致不适有关。
3. 焦虑/恐惧 与病情反复发作、担心疾病预后有关。
4. 潜在并发症 猝死。

五、心源性晕厥

（一）评估要点

1. 晕厥的特点 起病情况，发生前的体位、有无前驱症状、倒地方式，持续时间、发作频率，有无使晕厥加重或缓解的因素等；有无其他伴随症状，如面色苍白、出冷汗、恶心、乏力；发绀、呼吸困难；心率和心律明显改变；抽搐、头痛、呕吐、视听障碍；发热、水肿、呼吸深快等。

2. 病因与诱因 有无与晕厥有关的疾病史或用药史，有无明确的诱因，晕厥是否与体位、咳嗽、排尿等有关。

3. 晕厥对病人的影响 有无因晕厥影响饮食、睡眠、大小便、自理能力、日常活动、工作和社会交往；有无心理情绪变化及家庭支持情况。

4. 诊疗与护理经过 已接受的诊断性检查项目及结果，已采用的治疗或护理措施。

（二）常用护理诊断

1. 急性意识障碍 与一过性脑供血不足有关。

2. 有受伤的危险 与短暂的突发意识障碍导致意外跌倒有关。

3. 焦虑/恐惧 与晕厥反复发生或担心疾病预后有关。

【案例举例】

某病人，女，55 岁，因“间断胸痛 7 年余，心悸、气短半月，突发加重伴晕厥 2 天”入院。请依据此主诉为主线进行深入问诊，获得完整健康史资料。

【问诊程序】

项目	问诊流程及问诊提纲	分值
问诊前准备（10 分）	护士准备：衣帽整洁、仪表规范，修剪指甲、洗手、戴口罩	2 分
	用物准备：首次入院护理评估单、笔	4 分
	病人准备：理解问诊目的，愿意合作，采取舒适体位	2 分
	环境准备：环境安静、整洁，温、湿度适宜，并具有私密性	2 分
问诊过程（80 分）	向病人做自我介绍，核对病人床号、姓名、住院号，协助其采取舒适体位，并做好解释工作，取得病人配合 “您好，我是您的责任护士××，请问您是 1 床××吗？因为您刚入院，我需要收集您的病情资料，以便为您提供更全面的护理，谢谢您的配合。”	3 分
	1. 询问基本资料： “接下来，我需要收集您的基本资料。”内容包括病人的姓名、性别、年龄、职业、民族、籍贯、婚姻状况、文化程度、宗教信仰、家庭住址及联系电话、医疗费用支付方式、入院时间、入院诊断、入院类型、入院方式、资料来源、可靠程度及收集资料的时间等	3 分
	2. 询问主诉、现病史： “请问您是因为什么不舒服入院的？ 胸痛是从什么时候开始出现的？具体哪个位置疼？请您指一下。其他位置有没有疼痛？疼起来是什么感觉？如果用 0 表示不痛，10 表示最痛，请您选一个数字表示您的疼痛程度？一般什么情况下会出现胸痛？胸痛和呼吸、咳嗽、情绪、活动等有关系吗？每次疼痛持续多长时间可以缓解？每次疼痛是如何缓解的？每次胸痛发作时，还有没有其他的不舒服？有没有头晕、心慌、恶心等？这些年来胸痛有什么变化吗？这次是在什么情况下出现胸痛的？您这次胸痛发作有什么不同吗？ 您这次晕倒了多长时间？晕倒前有什么感觉？晕倒后是否记得晕倒前的事情？倒地时什么体位？是否因为倒地受伤？当时是怎么处理的？以前有没有像这样晕倒过…… 您感觉心慌气短有多长时间了？什么情况下会出现心慌气短？和体位、活动、进食等有关系吗？每次会持续多长时间？如何缓解？心慌气短的同时还有什么其他的不舒服？ 入院前有没有治疗过？有没有明确诊断是什么疾病？是怎么治疗的？平时服用什么药物？每天服药几次？每次剂量多少？效果如何？”	30 分
	3. 询问日常生活状况： “平时饮食习惯如何？本次患病以来，食欲怎么样？睡眠有没有影响？大小便是否正常？体力状态如何？体重有没有明显变化？精神状态如何？”	10 分
	4. 询问既往史： “以往的健康状况如何？是否患有高血压、糖尿病、心脏病等慢性病？（若有）这些慢性病平时管理控制的如何？ 有没有做过手术？（若有）什么时候做的？做的什么手术？因为什么做手术？ 有没有受过外伤？（若有）什么时候发生的？具体外伤情况是什么？ 有没有对食物或药物过敏的情况？（若有）具体对什么食物或药物过敏？请描述当时的具体情况，有什么过敏反应？当时是如何处理的？”	10 分

续表

<table>
<tr><th>项目</th><th>问诊流程及问诊提纲</th><th>分值</th></tr>
<tr><td rowspan="3">问诊过程
（80 分）</td><td>5. 询问个人史：
“平时有没有吸烟饮酒的嗜好？（若有）吸烟有多长时间了？平时每天吸烟多少支？饮酒有多长时间了？平时每天饮酒多少？主要饮用什么酒？（若已经戒烟戒酒）请问戒烟戒酒多长时间了？戒除前吸烟饮酒的情况？
是否已绝经？绝经年龄？
是否已婚？结婚年龄？配偶的健康状况如何？有没有生育过孩子？生育年龄？怀孕过几次？生育有几个孩子？”</td><td>10 分</td></tr>
<tr><td>6. 询问家族史：
“您父母、子女、兄弟姐妹身体状况如何？（若父母已去世，询问去世的原因及年龄。）家人中有没有出现类似病情的？家族中有没有患有传染病、遗传病等情况的？”</td><td>7 分</td></tr>
<tr><td>7. 询问心理社会状况：具体方法见第三章</td><td>7 分</td></tr>
<tr><td>问诊后处理
（5 分）</td><td>整理、记录：问诊完毕，协助病人取舒适体位，整理床单位。洗手，对收集的资料进行归纳、整理，填写首次入院护理评估单</td><td>5 分</td></tr>
<tr><td rowspan="2">评价
（5 分）</td><td>问诊过程中语言温和、态度亲切、举止端庄，能够尊重病人，充分体现人文关怀</td><td>2 分</td></tr>
<tr><td>问诊规范、熟练，问诊内容全面、无遗漏，能够运用问诊技巧，与病人有效沟通</td><td>3 分</td></tr>
<tr><td>总分</td><td></td><td>100 分</td></tr>
</table>

【小结】

循环系统疾病病人常见症状包括心源性呼吸困难、心源性水肿、胸痛、心悸、心源性晕厥。评估上述症状时，均应从以下四方面展开：①症状特点；②可能存在的病因与诱因；③症状对病人的影响；④诊疗与护理经过。

【思维导图】

循环系统疾病病人常见症状问诊
心源性呼吸困难
评估要点
呼吸困难种类、程度、持续时间、节律性
病因与诱因
对病人日常生活及心理情绪的影响
诊疗与护理经过
常用护理诊断
气体交换障碍
低效性呼吸型态
活动无耐力
自理缺陷
语言沟通障碍
睡眠型态紊乱
有皮肤完整性受损的危险
焦虑/恐惧
知识缺乏
潜在并发症：重要器官缺氧性损伤
心源性水肿
评估要点
水肿起病急缓、持续时间、初始部位、发展顺序、性质、程度及局部表现
病因与诱因
对病人日常生活及心理情绪的影响
诊疗与护理经过
常用护理诊断
体液过多
有皮肤完整性受损的危险
活动无耐力
潜在并发症：急性肺水肿
胸痛
评估要点
胸痛部位、性质、程度、持续时间、节律性、缓解方式
病因与诱因
对病人日常生活及心理情绪的影响
诊疗与护理经过
常用护理诊断
疼痛：胸痛
活动无耐力
睡眠型态紊乱
焦虑/恐惧
知识缺乏
心悸
评估要点
起病情况、持续时间、发作频率、性质及其程度
病因与诱因
对病人日常生活及心理情绪的影响
诊疗与护理经过
常用护理诊断
活动无耐力
睡眠型态紊乱
焦虑/恐惧
潜在并发症：猝死
心源性晕厥
评估要点
起病情况，发生前的体位、有无前驱症状、倒地方式，持续时间、发作频率
病因与诱因
对病人日常生活心理情绪的影响
诊疗与护理经过
常用护理诊断
急性意识障碍
有受伤的危险
焦虑/恐惧

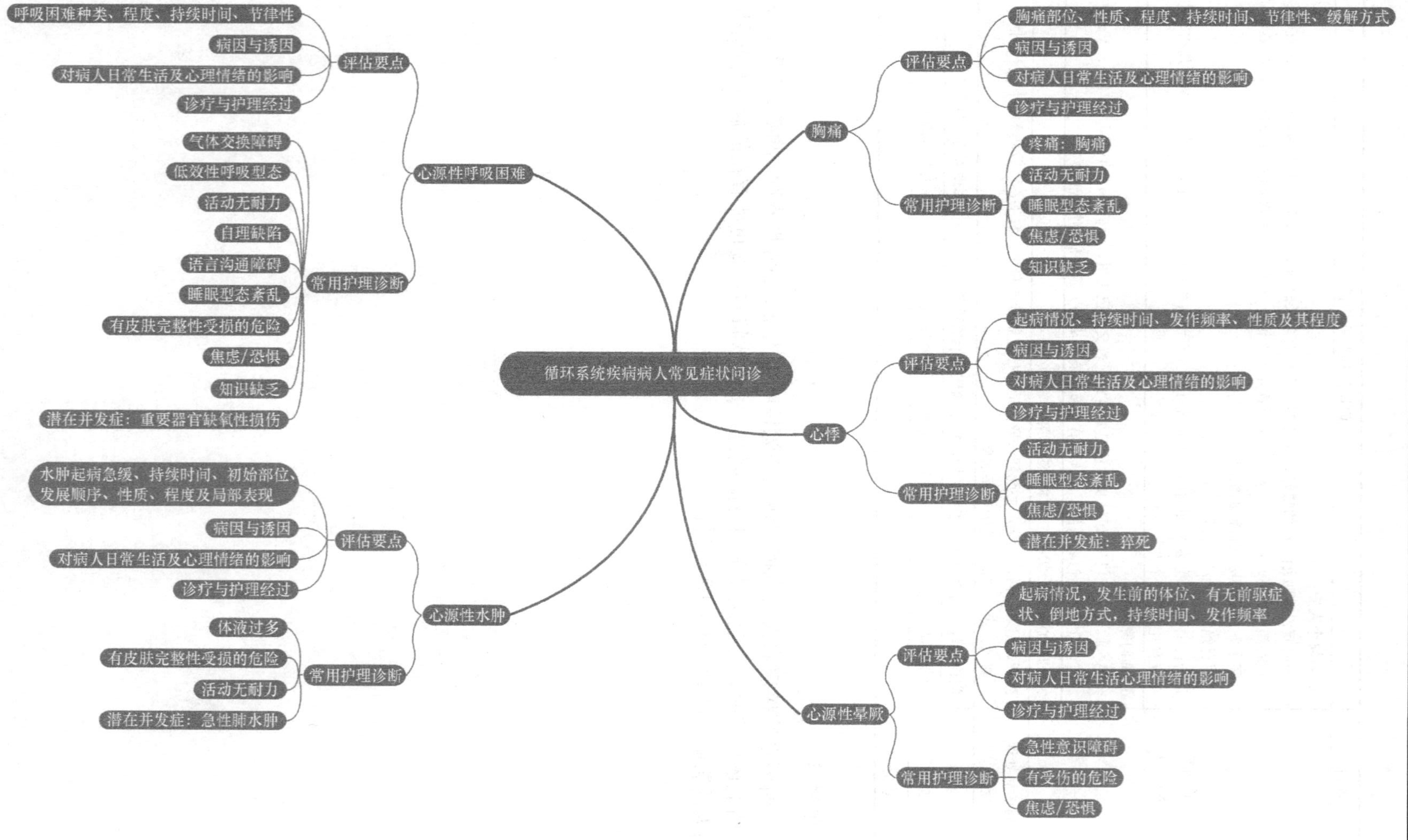

【思考题】

1. 心源性呼吸困难不包括（ ）
A. 劳力性呼吸困难 B. 呼吸频率和节律改变 C. 端坐呼吸
D. 夜间阵发性呼吸困难 E. 吸气性呼吸困难
2. 左心衰竭时呼吸困难的病因是（ ）
A. 肺循环淤血 B. 淤血性肝大 C. 体循环淤血
D. 颈静脉怒张 E. 肺循环压力升高
3. 心源性呼吸困难最先出现的是（ ）
A. 端坐呼吸 B. 阵发性夜间呼吸困难 C. 劳力性呼吸困难
D. 心源性哮喘 E. 急性肺水肿
4. 心源性水肿的特点为（ ）
A. 首先出现在身体低垂部位 B. 初为眼睑与颜面水肿 C. 以腹水为主要表现
D. 以口唇、眼睑及下肢胫前较明显，呈非凹陷性 E. 下行性水肿
5. 心源性水肿最常见的病因是（ ）
A. 右心衰竭 B. 左心衰竭 C. 缩窄性心包炎
D. 渗出性心包炎 E. 心绞痛
6. 引起心前区疼痛最常见的原因是（ ）
A. 心血管神经官能症 B. 急性心包炎 C. 结核性干性胸膜炎
D. 心绞痛、心肌梗死 E. 严重主动脉瓣狭窄
7. 出现持续压榨性或窒息性胸部闷痛，最可能的疾病是（ ）
A. 心包炎 B. 肋间神经痛 C. 急性心肌梗死
D. 食管炎 E. 自发性气胸
8. 胸痛向左肩左前臂放射，最可能的疾病是（ ）
A. 急性心包炎 B. 急性胸膜炎 C. 心绞痛
D. 纵隔疾病 E. 食管炎
9. 某病人，女，30 岁，因受凉后出现发热、乏力、心悸、气促、心前区隐痛。诊断为病毒性心肌炎，病人对疾病很害怕，多次问护士。我的病可以好吗?我的病是怎么得的?这位病人目前来说最主要的护理诊断应是（ ）
A. 知识缺乏 B. 活动无耐力 C. 疼痛
D. 体温过高 E. 气体交换障碍
10. 心源性呼吸困难有哪些特点？
11. 胸痛的评估要点有哪些？
12. 请列举出心源性水肿相关的护理诊断。
13. 病例分析：某病人，男，42 岁，因“反复胸闷、气短 5 年余，加重半年，双下肢水肿 2 个月，加重 1 周”入院。请依据此主诉为主线进行深入问诊，获得完整健康史资料。

第四节 消化系统疾病病人常见症状问诊

【学习目标】

识记 问诊的内容及方法。

消化系统疾病病人常见症状及其评估要点。

理解　消化系统疾病病人常见症状的病因及发病机制。

运用　能够充分运用问诊的方法、技巧，与病人良好沟通，全面收集健康史资料。

能够提出相关护理诊断及其相关因素。

能够正确书写“首次入院护理评估单”。

【知识回顾】

消化系统疾病病人常见症状如下。

一、恶心、呕吐

（一）评估要点

1. 恶心、呕吐的特点　起病情况、发病时间、呕吐的持续时间、频率；呕吐时有否恶心，与进食、药物、运动、情绪的关系；呕吐物的颜色、性状、量、气味；使恶心、呕吐加重或缓解的因素；有无其他伴随症状。

2. 病因与诱因　有无与恶心、呕吐有关的疾病史、用药史、晕动病或妊娠等，有无明显的诱因等。

3. 恶心、呕吐对病人的影响　有无进食、进水和体重变化，有否影响睡眠、大小便、自理能力、日常活动、工作和社会交往；有无心理情绪变化及家庭支持情况；剧烈、频繁呕吐者有无尿量减少、皮肤干燥、皮肤弹性下降和眼眶下陷等脱水症状，或电解质、酸碱平衡紊乱等；长期严重呕吐者有无营养不良；婴幼儿、老人、病情危重或意识障碍者有无可能导致误吸的危险因素，注意有无面色改变、呛咳或呼吸道梗阻等。

4. 诊疗与护理经过　已接受的辅助检查项目及结果，已采用的治疗或护理措施，包括是否接受止吐、补液或其他对症治疗，所用药物名称、剂量、给药途径、频率及效果。

（二）常用护理诊断

1. 舒适度减弱：恶心/呕吐　与急性咽炎有关；与颅内占位性病变有关；与迷路炎有关等。

2. 体液不足/有体液不足的危险　与呕吐引起体液丢失过多和（或）摄入量减少有关。

3. 营养失调　低于机体需要量与长期呕吐和食物摄入量不足有关。

4. 有误吸的危险　与呕吐物误吸入肺内有关。

5. 知识缺乏　缺乏有关疾病相关的知识。

6. 潜在并发症　肺部感染、窒息。

二、吞咽困难

（一）评估要点

1. 吞咽困难的特点　起病情况、发病时间、有无节律性；吞咽困难的性质、部位、程度；使吞咽困难加重或缓解的因素；有无其他伴随症状。

2. 病因与诱因　有无与吞咽困难有关的疾病史、传染病病人接触史等，有无明显的诱因。

3. 吞咽困难对病人的影响　有无脱水及电解质紊乱，营养不良；有无因吞咽困难影响饮食、睡眠、大小便、自理能力、日常活动、工作和社会交往；有无焦虑、抑郁等情绪反应及家庭支持情况。

4. 诊疗与护理经过　已接受的辅助检查项目及结果，已采用的治疗或护理措施，所用药物名称、剂量、频率、给药途径及效果。

（二）常用护理诊断

1. 吞咽障碍 与食管狭窄或吞咽功能障碍等有关。

2. 营养失调 低于机体需要量与吞咽困难导致进食减少有关。

3. 有体液不足的危险 与吞咽困难导致饮水减少有关。

4. 疼痛 吞咽疼痛与口咽部炎症或食管病变等有关。

5. 焦虑 与担心疾病预后不良或慢性吞咽困难迁延不愈有关。

6. 有误吸的危险 与吞咽功能障碍导致饮水呛咳等有关。

7. 知识缺乏 缺乏有关疾病方面的知识。

8. 潜在并发症 窒息。

三、呕血与黑便

（一）评估要点

1. 确定是否为呕血与黑便 判断呕血时，应排除口腔、鼻咽部出血或者咯血；判断黑便时，应排除因食用过多肉类、动物血、动物肝脏等因素；注意鉴别口服铁剂、铋剂、活性炭或者中药。

2. 呕血与黑便的特点及严重程度 起病情况、发病时间、有无节律性；呕血与黑便的次数，呕吐物和粪便的颜色、性状、量及其变化；还要根据病人的全身状况估计消化道出血量，如有无体位由卧位变为坐位或立位时出现头晕、乏力、心悸等，有无畏寒、面色苍白、四肢厥冷、口渴、尿量减少等血容量不足的表现；使呕血与黑便加重或缓解的因素；有无其他伴随症状。

3. 病因与诱因 有无与呕血和黑便有关的疾病史、用药史、不洁饮食史、化学毒物或传染性疾病接触史等，有无明确的诱因，如情绪变化或进食等。

4. 呕血与黑便对病人的影响 有无周围循环血容量不足的表现；有无贫血；有无紧张、焦虑等负性情绪；有否影响饮食、睡眠、自理能力、日常活动、工作和社会交往；家庭支持情况。

5. 诊疗与护理经过 已接受的辅助检查项目及结果，已采用的治疗或护理措施，包括是否接受止血、补液或对症治疗，所用药物名称、剂量、频率、给药途径及效果。

（二）常用护理诊断

1. 外周组织灌注无效 与上消化道出血所致的血容量不足有关。

2. 活动无耐力 与呕血和黑便所致的贫血有关。

3. 恐惧 与大量呕血和黑便有关。

4. 知识缺乏 缺乏有关预防疾病有关的知识。

5. 潜在并发症 休克。

四、便血

（一）评估要点

1. 便血的特点 起病情况、发病时间与持续时间、有无节律性；便血的次数、颜色、性状、量、气味及其变化；使便血加重或缓解的因素；有无其他伴随症状。

2. 病因与诱因 有无与便血有关的疾病史、不洁饮食史、用药史、化学毒物接触史等，有无明显的诱因。

3. 便血对病人的影响 有无乏力、头晕、活动后气促等，或因便血影响饮食、睡眠、自理能力、日常活动、工作和社会交往；有无焦虑、恐惧等心理情绪变化及家庭支持情况。

4. 诊疗与护理经过 已接受的辅助检查项目及结果，已采用的治疗或护理措施，包括是否接受止血、对症或补液治疗，所用药物名称、剂量、频率、给药途径及效果。

（二）常用护理诊断

1. 活动无耐力　与便血所致贫血有关。

2. 焦虑　与长期便血病因不明有关。

3. 恐惧　与大量便血有关。

4. 知识缺乏　缺乏预防疾病发作的知识。

五、腹泻

（一）评估要点

1. 腹泻的特点　起病情况、发病时间、有无节律性；排便的次数、颜色、性状、量、气味；使腹泻加重或缓解的因素，如进食油腻食物；有无其他伴随症状。

2. 病因与诱因　有无与腹泻有关的疾病史、用药史、不洁饮食、化学毒物和传染病接触史等，有无明显的诱因。

3. 腹泻对病人的影响　有无脱水、电解质或酸碱平衡紊乱；有无体重下降或营养不良；肛周皮肤有无受损；有无因腹泻影响饮食、睡眠、自理能力、日常活动、工作和社会交往；有无心理情绪变化及家庭支持情况。

4. 诊疗与护理经过　已接受的辅助检查项目及结果，已采用的治疗或护理措施，包括是否接受止泻、对症治疗，所用药物名称、剂量、频率、给药途径及效果。

（二）常用护理诊断

1. 腹泻　与肠道感染、中毒或肠道恶性肿瘤等有关。

2. 体液不足　与腹泻所致体液丢失过多有关。

3. 有营养失调　低于机体需要量的危险与长期消化吸收障碍和（或）摄入减少有关。

4. 有皮肤完整性受损的危险　与排便次数增多及排泄物对肛周皮肤刺激有关。

5. 焦虑　与担心疾病预后不良或慢性腹泻迁延不愈有关。

6. 知识缺乏　缺乏预防疾病发作方面的知识。

六、便秘

（一）评估要点

1. 便秘的特点　排便的频率，大便的性状、量、排便是否费力，以确定是否便秘；询问病人便秘的起病与病程、持续或间歇发作；使便秘加重或缓解的因素；有无其他伴随症状。

2. 病因与诱因　有无与便秘有关的疾病史、用药史、手术史等，有无明显的诱因，如环境改变、不良饮食习惯、精神紧张、摄水量减少等。

3. 便秘对病人的影响　有无排便前紧张或焦虑情绪；有无引起肛周疼痛、肛裂、痔疮等；有无乏力、食欲缺乏等全身症状；有无滥用泻药或泻药依赖等。

4. 诊疗与护理经过　已接受的辅助检查项目及结果，已采用的治疗或护理措施，包括是否接受导泻治疗，所用药物名称、剂量、频率、给药途径及效果。

（二）常用护理诊断

1. 便秘　与饮食中纤维素量过少、运动量过少、排便环境改变、长期卧床、精神紧张等有关。

2. 慢性疼痛　与粪便过于干硬、排便困难有关。

3. 组织完整性受损/有组织完整性受损的危险 与便秘所致肛周组织损伤有关。

4. 知识缺乏 缺乏有关预防便秘及促进排便的知识。

5. 焦虑 与长期排便困难有关。

七、腹痛

（一）评估要点

1. 腹痛的特点 起病情况、有无节律性；腹痛的时间、部位、性质、程度、范围（有无牵涉性、放射性或转移性疼痛）；使腹痛加重或缓解的因素；有无其他伴随症状。

2. 病因与诱因 有无与腹痛有关的疾病史、外伤史、不洁饮食史、化学有毒物质接触史等，有无明显的诱因，如进食油腻食物、酗酒、暴饮暴食等。

3. 病人对疼痛的反应 了解病人在疼痛时的反应和表达。

4. 腹痛对病人的影响 有无因腹痛影响饮食、睡眠、大小便、自理能力、日常活动、工作和社会交往；有无情绪急躁、焦虑、抑郁等心理情绪反应及家庭支持情况，有无物质滥用等。

5. 诊疗与护理经过 已接受的辅助检查项目及结果，已采用的治疗或护理措施，包括是否接受缓解疼痛治疗，所用药物名称、剂量、频率、给药途径及效果。

（二）常用护理诊断

1. 急性/慢性疼痛 与各种伤害性刺激作用于机体引起的不适有关。

2. 睡眠型态紊乱 与疼痛有关。

3. 焦虑 与疼痛频繁发作有关；与长期慢性疼痛有关。

4. 恐惧 与剧烈疼痛有关。

5. 知识缺乏 缺乏对疾病发作的预防及吸烟有害健康方面的知识。

八、黄疸

（一）评估要点

1. 是否黄疸 是否长期服用含黄色素的药物（如米帕林、呋喃类），或进食过多富含胡萝卜素的食物。

2. 黄疸的特点 起病急缓、持续时间、皮肤黏膜黄染的部位及色泽、粪与尿的颜色、是否伴有皮肤瘙痒及其程度；使黄疸加重或缓解的因素；有无其他伴随症状。

3. 病因与诱因 有无与黄疸有关的病史、用药史、不当饮食史及传染病病人接触史等，有无明显的诱因。

4. 黄疸对病人的影响 有无因黄疸致皮肤瘙痒，出现皮肤完整性受损或睡眠障碍，或因皮肤黏膜黄染影响日常活动、工作和社会交往；有无焦虑、恐惧或自卑等心理情绪及家庭支持情况。

5. 诊疗与护理经过 已接受的辅助检查项目及结果，已采用的治疗或护理措施，所用药物名称、剂量、频率、给药途径及效果。

（二）常用护理诊断

1. 舒适度减弱 皮肤瘙痒与胆红素排泄障碍，血中胆盐增高有关。

2. 体像紊乱 与黄疸所致皮肤、黏膜和巩膜发黄有关。

3. 有皮肤完整性受损的危险 与皮肤瘙痒有关。

4. 焦虑 与皮肤严重黄染有关。

5. 睡眠型态紊乱 与胆汁淤积性黄疸所致的皮肤瘙痒有关。

6. 知识缺乏 缺乏黄疸相关的护理知识。

【案例举例】

某病人，女，68 岁，因“腹痛、黑便 2 天，呕血 1 天”入院。请依据此主诉为主线进行深入问诊，获得完整健康史资料。

【问诊程序】

项目	问诊流程及问诊提纲	分值
问诊前准备 （10 分）	护士准备：衣帽整洁、仪表规范，修剪指甲、洗手、戴口罩	2 分
	用物准备：首次入院护理评估单、笔	4 分
	病人准备：理解问诊目的，愿意合作，采取舒适体位	2 分
	环境准备：环境安静、整洁，温、湿度适宜，并具有私密性	2 分
问诊过程 （80 分）	向病人做自我介绍，核对病人床号、姓名、住院号，协助其采取舒适体位，并做好解释工作，取得病人配合 “您好，我是您的责任护士××，请问您是 1 床××吗？因为您刚入院，我需要收集您的病情资料，以便为您提供更全面的护理，谢谢您的配合。”	3 分
	1. 询问基本资料： “接下来，我需要收集您的基本资料。”内容包括病人的姓名、性别、年龄、职业、民族、籍贯、婚姻状况、文化程度、宗教信仰、家庭住址及联系电话、医疗费用支付方式、入院时间、入院诊断、入院类型、入院方式、资料来源及收集资料的时间等	3 分
	2. 询问主诉、现病史： “请问您是因为什么不舒服入院的？ 从什么时候开始出现腹痛的？疼的时候是突然疼的，还是慢慢疼的？能指给我看下是什么位置痛吗？除了这里痛，还有其他地方痛吗？是一直都痛，还是有时候痛，有时候不痛？一天大概痛几次？一天中什么时候痛得厉害？有没有规律性？每次腹痛会持续多长时间？是怎么样的一种痛法？痛得厉害吗？如果用 0 表示不痛，10 表示最痛，请您选一个数字表示你的疼痛程度？每一次都是这么痛的吗？中间有没有什么变化？您觉得什么情况下疼痛会加重或者缓解？ 最近吃东西和以前一样吗？有没有吃很多的肉类、动物的血制品、动物肝脏或者服用一些药物，如铁剂、铋剂、活性炭或者中药？大便颜色发黑有多久了？一天大概几次？每次的量大概有多少？大便是否成形？颜色是什么样的？这两天大便的颜色、性状、次数和量有没有什么变化？ 每次有血吐出来的时候，觉得是呕出来的，还是咳出来的呢？呕血有多久了？一天大概几次？每次的量大概有多少？呕出来的血是血凝块，还是血流状，还是成渣样的？颜色是什么样的？这两天呕血的颜色、性状、次数和量有没有什么变化？ 本次发病还有没有其他不舒服？ 以前有没有在门诊上看过，或者住院治疗过？有没有明确诊断是什么疾病？有没有进行什么样的治疗或者服用什么药物？药物的名称是什么？每天服药几次？每次剂量多少？效果如何？”	30 分
	3. 询问日常生活状况： “平时饮食习惯如何？本次患病以来，食欲怎么样？睡眠有没有影响？小便是否正常？体力状态如何？体重有没有明显变化？精神状态如何？”	10 分
	4. 询问既往史： “以往的健康状况如何？有没有得过消化系统，或者可能引起你这些症状的疾病？是否患有高血压、糖尿病、心脏病等慢性病？（若有）这些慢性病平时管理控制的如何？ 有没有做过手术？（若有）什么时候做的？做的什么手术？因为什么做手术？ 有没有受过外伤？（若有）什么时候发生的？具体外伤情况是什么？ 有没有对食物、药物，或者其他物质过敏的情况？（若有）具体对什么食物或药物过敏？当时是什么样的情况？接触了多少量？过敏的反应是什么样的？当时是怎么处理的呢？”	10 分

续表

项目	问诊流程及问诊提纲	分值
问诊过程（80分）	**5. 询问个人史：** “平时有没有吸烟饮酒的嗜好？（若有）吸烟有多长时间了？平时每天吸烟多少支？饮酒有多长时间了？平时每天饮酒多少？主要饮用什么酒？（若已经戒烟戒酒）请问戒烟戒酒多长时间了？戒除前吸烟饮酒的情况？ 是否已绝经？绝经年龄？ 是否已婚？结婚年龄？配偶的健康状况如何？有没有生育过孩子？生育年龄？怀孕过几次？生育有几个孩子？”	10分
	6. 询问家族史： “您父母、子女、兄弟姐妹身体状况如何？（若父母已去世，询问去世的原因及年龄。）家人中有没有出现类似病情的？家族中有没有患有传染病、遗传病等情况的？”	7分
	7. 询问心理社会状况：具体方法见第三章	7分
问诊后处理（5分）	整理、记录：问诊完毕，协助病人取舒适体位，整理床单位。洗手，对收集的资料进行归纳、整理，填写首次入院护理评估单	5分
评价（5分）	问诊过程中语言温和、态度亲切、举止端庄，能够尊重病人，充分体现人文关怀	2分
	问诊规范、熟练，问诊内容全面、无遗漏，能够运用问诊技巧，与病人有效沟通	3分
总分		100分

【小结】

消化系统疾病病人常见症状包括恶心、呕吐、吞咽困难、呕血与黑便、便血、腹泻、便秘、腹痛、黄疸。评估上述症状时，一般均应从以下四方面展开：①症状特点；②可能存在的病因与诱因；③症状对病人的影响；④诊疗与护理经过。

【思维导图】

消化系统疾病病人常见症状问诊
恶心、呕吐
评估要点
恶心、呕吐的起病情况、发病时间、持续时间、频率，呕吐前是否有恶心，呕吐物的颜色、性状、量、气味
病因与诱因
对病人的影响
诊疗与护理经过
常用护理诊断
舒适度减弱
体液不足/有体液不足的危险
营养失调
有误吸的危险
知识缺乏
潜在并发症：肺部感染、窒息
呕血与黑便
评估要点
确定是否为呕血与黑便
呕血、黑便的起病情况、发病时间、有无节律性、次数，呕吐物和粪便的颜色、性状、量及其变化，全身出血量
病因与诱因
对病人的影响
诊疗与护理经过
常用护理诊断
外周组织灌注无效
活动无耐力
恐惧
知识缺乏
潜在并发症：休克
吞咽困难
评估要点
起病情况、发病时间、有无节律性；吞咽困难的性质、部位、程度
病因与诱因
对病人的影响
诊疗与护理经过
常用护理诊断
吞咽障碍
营养失调
有体液不足的危险
疼痛：吞咽疼痛
焦虑
有误吸的危险
知识缺乏
潜在并发症：窒息
便血
评估要点
便血起病情况、发病时间与持续、有无节律性；便血的次数、颜色、性状、量、气味及其变化
病因与诱因
对病人的影响
诊疗与护理经过
常用护理诊断
活动无耐力
焦虑
恐惧
知识缺乏

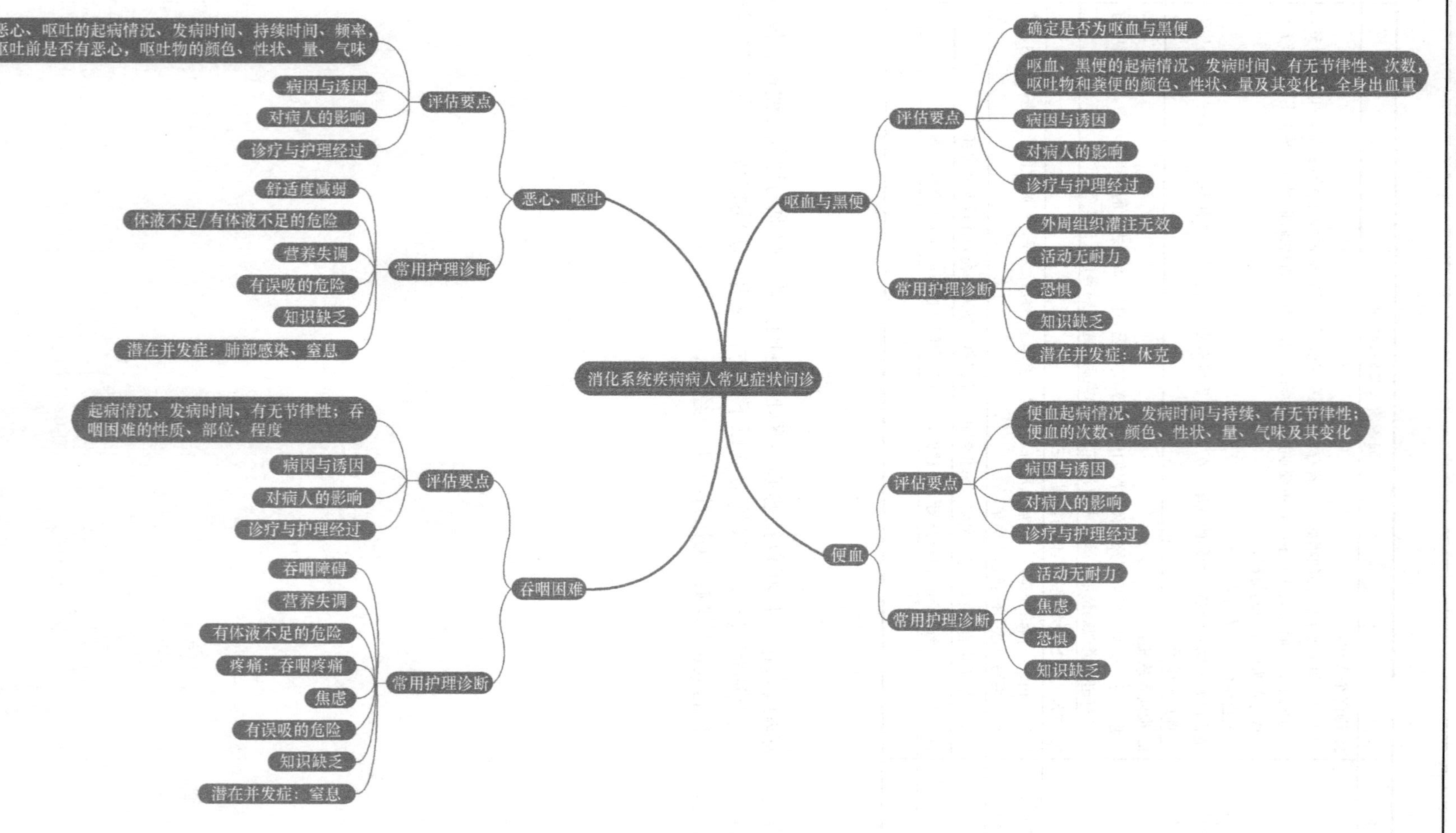

【思维导图（续）】

消化系统疾病病人常见症状问诊
腹泻
评估要点
腹泻的起病情况、发病时间、有无节律性；排便的次数、颜色、性状、量、气味；使腹泻加重或缓解的因素
病因与诱因
对病人的影响
诊疗与护理经过
常用护理诊断
腹泻
体液不足
有营养失调：低于机体需要量的危险
有皮肤完整性受损的危险
焦虑
知识缺乏
便秘
评估要点
排便的频率，大便的性状、量、排便是否费力，以确定是否便秘；询问患者便秘的起病与病程、持续或间歇发作
病因与诱因
对病人的影响
诊疗与护理经过
常用护理诊断
便秘
慢性疼痛
组织完整性受损/有组织完整性受损的危险
知识缺乏
焦虑
腹痛
评估要点
腹痛的起病情况、有无节律性；腹痛的时间、部位、性质、程度、范围
病因与诱因
病人对疼痛的反应
对病人的影响
诊疗与护理经过
常用护理诊断
急性/慢性疼痛
睡眠型态紊乱
焦虑
恐惧
知识缺乏
黄疸
评估要点
是否黄疸
起病急缓、持续时间、皮肤黏膜黄染的部位及色泽、粪与尿的颜色、是否伴有皮肤瘙痒及其程度
病因与诱因
对病人的影响
诊疗与护理经过
常用护理诊断
舒适度减弱：皮肤瘙痒
体像紊乱
有皮肤完整性受损的危险
焦虑
睡眠型态紊乱
知识缺乏

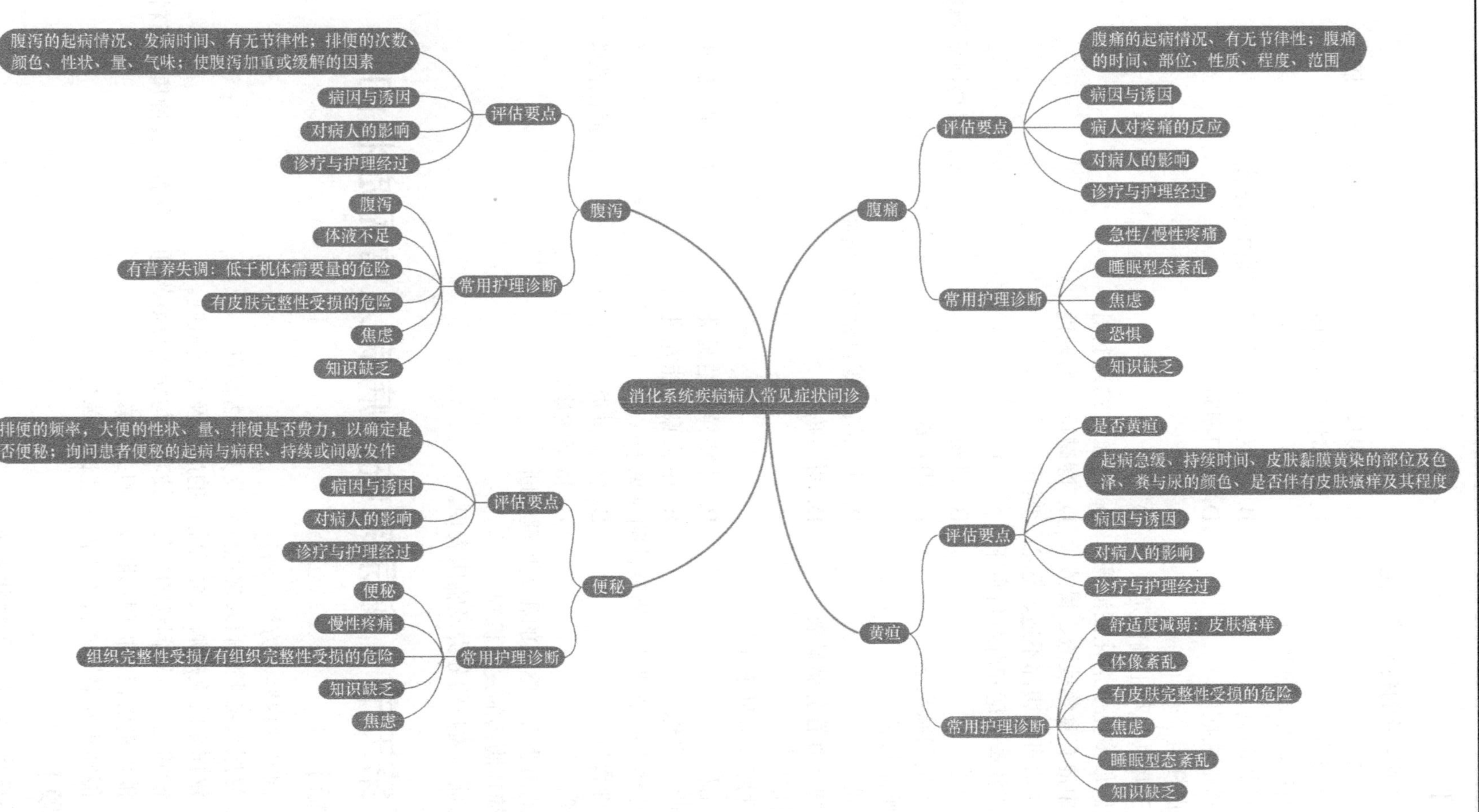

【思考题】

1. 典型阑尾炎的疼痛特点是（　　）
A. 上腹痛　B. 下腹痛　C. 左下腹痛
D. 右下腹痛　E. 转移性右下腹痛
2. 喷射性呕吐常见于（　　）
A. 急性胃肠炎　B. 中枢性疾病引起的颅内压增高
C. 胆道蛔虫症　D. 幽门梗阻
E. 小肠梗阻
3. 关于呕血，不正确的是（　　）
A. 病因最多见于消化性溃疡　B. 出血方式为呕出
C. 血中混有食物残渣、胃液　D. 酸碱反应为碱性
E. 出血前有上腹部不适、恶心、呕吐
4. 黑便并蜘蛛痣和肝掌可见于（　　）
A. 直肠癌　B. 胃癌　C. 溃疡性结肠炎
D. 肝硬化门脉高压　E. 胆管癌
5. 鲜血便常见于（　　）
A. 肛裂　B. 十二指肠球部溃疡并出血
C. 肝硬化食管静脉破裂　D. 胃溃疡
E. 急性胃炎
6. 急性腹泻常见于（　　）
A. 肠结核　B. 非特异性结肠炎　C. 细菌感染
D. 吸收不良综合征　E. 甲状腺功能亢进
7. 呕吐伴上腹节律性、周期性痛可见于（　　）
A. 急性胃炎　B. 慢性胃炎　C. 消化性溃疡
D. 胃癌　E. 胃泌素瘤
8. 请列出恶心、呕吐的相关护理诊断。
9. 请简述腹泻的发生机制。
10. 请简述黄疸的分类及临床表现。

第五节　泌尿系统疾病病人常见症状问诊

【学习目标】

识记　问诊的内容及方法。
泌尿系统疾病病人常见症状及其评估要点。
理解　泌尿系统疾病病人常见症状的病因及发病机制。
运用　能够充分运用问诊的方法、技巧，与病人良好沟通，全面收集健康史资料。
能够提出相关护理诊断及其相关因素。
能够正确书写“首次入院护理评估单”。

【知识回顾】

泌尿系统疾病病人常见症状如下。

一、血尿

（一）评估要点

1. 血尿的特点 起病情况、发病时间、有无节律性；血尿是持续或间歇发作，尿的颜色、次数、量，是否为全程血尿，抑或起始段血尿、终末血尿，有无血块等；使血尿加重或缓解的因素；有无其他伴随症状。

2. 病因与诱因 有无与血尿有关的疾病史、用药史、化学物质接触史等，有无明确的诱因。

3. 血尿对病人的影响 有无因血尿影响饮食、睡眠、大小便、自理能力、日常活动、工作和社会交往；有无紧张或焦虑心理情绪，家庭支持情况。

4. 诊疗与护理经过 已接受的辅助检查项目及结果，已采用的治疗或护理措施，包括是否接受止血、抗感染治疗，所用药物名称、剂量、给药途径及效果。

（二）常用护理诊断

1. 焦虑 与预感自身受到疾病威胁有关。

2. 排尿障碍 与前列腺炎、前列腺癌导致的尿路阻塞有关。

3. 急性疼痛 腹痛与泌尿系结石有关。

4. 知识缺乏 缺乏对疾病发作的预防及相关知识。

二、尿潴留

（一）评估要点

1. 尿潴留的特点 起病情况、发病时间、持续时间、有无节律性；尿潴留是持续或间歇发作；使尿潴留加重或缓解的因素；有无其他伴随症状。

2. 病因与诱因 有无与尿潴留有关的疾病史、用药史、手术史或精神紧张等，有无明确的诱因。

3. 尿潴留对病人的影响 有无因尿潴留影响饮食、睡眠、自理能力、日常活动、工作和社会交往；有无紧张或焦虑心理情绪，家庭支持情况。

4. 诊疗与护理经过 已接受的辅助检查项目及结果，已采用的促进排尿的治疗或护理措施，所用药物名称、剂量、给药途径及效果。

（二）常用护理诊断

1. 舒适度减弱 与尿液无法正常排出有关。

2. 尿潴留 与尿道梗阻、神经系统病变、服用药物、精神紧张等有关。

3. 焦虑 与无法有效排空膀胱有关；与伴有尿频、尿急、尿失禁等有关。

4. 知识缺乏 缺乏对疾病发作的预防及相关知识。

5. 潜在并发症 尿路感染、肾积水。

三、尿失禁

（一）评估要点

1. 尿失禁的特点及严重程度 尿失禁发生的时间、频率，是间断抑或持续发生，排尿前有无尿意，每次尿量，排尿后有无轻松感，有无其他伴随症状。

2. 病因与诱因 有无与尿失禁有关的疾病史，用药史、手术史或环境因素等，有无明确的诱因。

3. 尿失禁对病人的影响 有无因尿失禁影响饮食、睡眠、皮肤状况、自理能力、日常活动、工作和社会交往；有无抑郁或自卑等心理情绪，家庭支持情况。

4. 诊疗与护理经过 已接受的辅助检查项目及结果，已采用预防或处理尿失禁的治疗或护理措施，所用药物名称、剂量、频率、给药途径及效果。

（二）常用护理诊断

1. 压力性尿失禁 与尿道括约肌张力减低、骨盆底部肌肉和韧带松弛有关。

2. 反射性尿失禁 与骶髓排尿中枢水平以上的脊髓完全性损伤有关。

3. 急迫性尿失禁 与中枢神经系统和膀胱局部病变所致膀胱收缩不受控制有关。

4. 功能性尿失禁 与精神、运动障碍、环境因素或药物作用所致不能及时如厕有关。

5. 溢出性尿失禁 与膀胱排尿出口梗阻或膀胱逼尿肌失去正常张力，引起尿液潴留，膀胱内压超过尿道阻力时，尿液溢出有关。

6. 情境性低自尊/有情境性低自尊的危险 与不能自主控制尿液排出有关。

7. 皮肤完整性受损/有皮肤完整性受损的危险 与尿液浸湿并刺激皮肤有关。

8. 有跌倒的危险 与尿急有关。

9. 知识缺乏 缺乏预防和处理尿失禁的相关知识。

四、尿频、尿急、尿痛

（一）评估要点

1. 尿频、尿急、尿痛的特点 起病情况、发病时间、有无节律性；每天排尿的次数，白天和夜晚排尿的次数，尿频时的尿量，是否伴有尿急、尿痛；尿痛时的部位，以及与排尿的关系，即排尿开始时出现，抑或终末性疼痛，尿痛的性质；使尿频、尿急、尿痛加重或缓解的因素；有无其他伴随症状。

2. 病因与诱因 有无与尿频、尿急、尿痛有关的疾病史、用药史、化学物质接触史等，有无明确的诱因，如精神紧张或天气寒冷等。

3. 尿频、尿急、尿痛对病人的影响 有无因尿频、尿急、尿痛影响饮食、睡眠、大小便、自理能力、日常活动、工作和社会交往；有无紧张或焦虑心理情绪，家庭支持情况。

4. 诊疗与护理经过 已接受的诊断性检查项目及结果，已采用的治疗或护理措施，包括是否接受抗感染治疗，所用药物名称、剂量、给药途径及效果。

（二）常用护理诊断

1. 排尿障碍 与炎症理化因素有关。

2. 急性疼痛 腹痛与急性前列腺炎、泌尿系结石或异物刺激有关。

3. 舒适度减弱 尿急与尿路结石、膀胱癌导致的尿急有关。

4. 焦虑 与长期尿频、尿急、尿痛有关。

5. 知识缺乏 缺乏对疾病发作的预防及相关知识。

五、尿量异常（少尿、无尿与多尿）

（一）评估要点

1. 尿量异常的特点 起病情况、发病时间、有无节律性，是持续或间歇发作；尿液的颜色、次数、量；使尿量改变加重或缓解的因素；有无其他伴随症状。

2. 病因与诱因 有无与尿量异常有关的疾病史、用药史、外伤史等，有无明确的诱因。

3. 尿量异常对病人的影响 有无因血尿影响饮食、睡眠、自理能力、日常活动、工作和社会交往；有无紧张或焦虑心理情绪，家庭支持情况。

4. 诊疗与护理经过 已接受的辅助检查项目及结果，已采用的治疗或护理措施，所用药物名称、剂量、频率、给药途径及效果。

（二）常用护理诊断

1. 焦虑 与病情反复、预感自身受到疾病威胁有关。

2. 体液过多 与大量水分渗入组织间隙或浆膜腔、肾动脉栓塞、急性肾小管坏死、尿路梗阻等有关。

3. 有电解质失衡的危险 与糖尿病、原发性甲状腺功能亢进或原发性醛固酮增多症等原因引起电解质丢失过多有关。

4. 知识缺乏 缺乏疾病相关知识。

六、肾源性水肿

（一）评估要点

1. 水肿的特点 水肿发生的时间、首发部位、发展顺序、性质、程度、局部表现，与活动、体位的关系，加重与缓解因素等。

2. 病因与诱因 有无与水肿发生有关的疾病史，有无蛋白质摄入不足、摄盐过多等，有无药物过敏史、激素治疗史。

3. 水肿对病人的影响 有无体重增加、尿量减少；有无皮肤指压凹陷、水疱、溃疡及相关的继发感染等皮肤症状；有无脉搏变快、血压升高等前负荷增加的表现；有无胸部胀闷、呼吸困难等呼吸系统的表现。

4. 诊疗与护理经过 已接受的辅助检查项目及结果，已采用的治疗或护理措施，包括是否应用利尿剂，所用利尿药物的种类、给药途径、剂量、频率、疗效和不良反应等。

（二）常用护理诊断

1. 体液过多 与肾脏疾病等所致水钠潴留有关。

2. 皮肤完整性受损/有皮肤完整性受损的危险 与水肿所致组织、细胞营养不良有关。

3. 活动无耐力 与水肿延及全身时出现胸、腹腔积液所致呼吸困难，或出现肢体肿胀有关。

4. 焦虑 与担心病情反复有关。

5. 知识缺乏 缺乏疾病相关知识。

6. 潜在并发症 急性肺水肿。

【案例举例】

某病人，男，72岁，因“尿频、尿急10年，急性尿潴留2小时”入院。请依据此主诉为主线进行深入问诊，获得完整健康史资料。

【问诊程序】

项目	问诊流程及问诊提纲	分值
问诊前准备 （10分）	护士准备：衣帽整洁、仪表规范，修剪指甲、洗手、戴口罩	2分
	用物准备：首次入院护理评估单、笔	4分
	病人准备：理解问诊目的，愿意合作，采取舒适体位	2分
	环境准备：环境安静、整洁，温、湿度适宜，并具有私密性	2分

续表

<table>
<tr><th>项目</th><th>问诊流程及问诊提纲</th><th>分值</th></tr>
<tr><td rowspan="8">问诊过程
（80 分）</td><td>向病人做自我介绍，核对病人床号、姓名、住院号，协助其采取舒适体位，并做好解释工作，取得病人配合
“您好，我是您的责任护士××，请问您是 1 床××吗？因为您刚入院，我需要收集您的病情资料，以便为您提供更全面的护理，谢谢您的配合。”</td><td>3 分</td></tr>
<tr><td>1. 询问基本资料：
“接下来，我需要收集您的基本资料。”内容包括病人的姓名、性别、年龄、职业、民族、籍贯、婚姻状况、文化程度、宗教信仰、家庭住址及联系电话、医疗费用支付方式、入院时间、入院诊断、入院类型、入院方式、资料来源及收集资料的时间等</td><td>3 分</td></tr>
<tr><td>2. 询问主诉、现病史：
“请问您是因为什么不舒服入院的？
从什么时候开始出现排尿次数增多的？一般白天排尿几次？夜晚排尿几次？尿频时每次尿量如何？每次排尿时都尿急，还是有时候有，有时候没有？什么情况下会加重或者减轻？
什么时候开始尿潴留的？当时是突然发生的，还是慢慢发生的？是完全尿不出来，还是增加腹压后能尿出来一点？以前有发生过吗？当时什么样的情况，后来是如何缓解的？
这十年来病情有变化吗？您这次和以前相比，病情有什么不一样吗？
本次发病还有没有其他不舒服？有没有腹痛、血尿等？
以前有没有在门诊做过什么检查，或者住院治疗过？有没有明确诊断是什么疾病？有没有处理过？平时服用什么药物？每天服药几次？每次剂量多少？效果如何？”</td><td>30 分</td></tr>
<tr><td>3. 询问日常生活状况：
“平时饮食习惯如何？本次患病以来，食欲怎么样？睡眠有没有影响？大便是否正常？体力状态如何？体重有没有明显变化？精神状态如何？”</td><td>10 分</td></tr>
<tr><td>4. 询问既往史：
“以往的健康状况如何？有没有得过泌尿系统，或者可能引起这些症状的疾病？是否患有高血压、糖尿病、心脏病等慢性病？（若有）这些慢性病平时管理控制的如何？
有没有做过手术？（若有）什么时候做的？做的什么手术？因为什么做手术？
有没有受过外伤？（若有）什么时候发生的？具体外伤情况？
有没有对食物、药物，或者其他物质过敏的情况？（若有）具体对什么食物或药物过敏？当时是什么样的情况？接触了多少量？过敏的反应是什么样的？当时是怎么处理的呢？”</td><td>10 分</td></tr>
<tr><td>5. 询问个人史：
“平时有没有吸烟饮酒的嗜好？（若有）吸烟有多长时间了？平时每天吸烟多少支？饮酒有多长时间了？平时每天饮酒多少？主要饮用什么酒？(若已经戒烟戒酒)请问戒烟戒酒多长时间了？戒除前吸烟饮酒的情况？
是否已婚？结婚年龄？配偶的健康状况如何？有没有生育过孩子？生育年龄？生育有几个孩子？”</td><td>10 分</td></tr>
<tr><td>6. 询问家族史：
“您父母、子女、兄弟姐妹身体状况如何？（若父母已去世，询问去世的原因及年龄。）家人中有没有出现类似病情的？家族中有没有患有传染病、遗传病等情况的？”</td><td>7 分</td></tr>
<tr><td>7. 询问心理社会状况：具体方法见第三章</td><td>7 分</td></tr>
<tr><td>问诊后处理
（5 分）</td><td>整理、记录：问诊完毕，协助病人取舒适体位，整理床单位。洗手，对收集的资料进行归纳、整理，填写首次入院护理评估单</td><td>5 分</td></tr>
<tr><td rowspan="2">评价
（5 分）</td><td>问诊过程中语言温和、态度亲切、举止端庄，能够尊重病人，充分体现人文关怀</td><td>2 分</td></tr>
<tr><td>问诊规范、熟练，问诊内容全面、无遗漏，能够运用问诊技巧，与病人有效沟通</td><td>3 分</td></tr>
<tr><td>总分</td><td></td><td>100 分</td></tr>
</table>

【小结】

泌尿系统疾病病人常见症状包括血尿、尿潴留、尿失禁、尿频、尿急、尿痛、尿量异常、肾源性水肿。评估上述症状时，一般均应从以下四方面展开：①症状特点；②可能存在的病因与诱因；③症状对病人的影响；④诊疗与护理经过。

【思维导图】

泌尿系统疾病病人常见症状问诊
血尿
评估要点
起病情况、发病时间、有无节律性；血尿是持续或间歇发作，尿的颜色、次数、量，是否为全程血尿，抑或起始段血尿、终末血尿，有无血块等
病因与诱因
对病人的影响
诊疗与护理经过
常用护理诊断
焦虑
排尿障碍
急性疼痛：腹痛
知识缺乏
尿潴留
评估要点
尿潴留的起病情况、发病时间、持续时间、有无节律性；是持续或间歇发作
病因与诱因
对病人的影响
诊疗与护理经过
常用护理诊断
舒适度减弱
焦虑
尿潴留
知识缺乏
潜在并发症：尿路感染、肾积水
尿失禁
评估要点
尿失禁发生的时间、频率，是间断抑或持续发生，排尿前有无尿意，每次尿量，排尿后有无轻松感
病因与诱因
对病人的影响
诊疗与护理经过
常用护理诊断
压力性尿失禁
反射性尿失禁
急迫性尿失禁
功能性尿失禁
溢出性尿失禁
情境性低自尊/有情境性低自尊的危险
皮肤完整性受损/有皮肤完整性受损的危险
有跌倒的危险
知识缺乏
尿频、尿急、尿痛
评估要点
尿频、尿急的起病情况、发病时间、有无节律性；每天排尿的次数，白天和夜晚排尿的次数，尿频时的尿量，是否伴有尿急、尿痛；尿痛时的部位，以及与排尿的关系，即排尿开始时出现，抑或终末性疼痛，尿痛的性质
病因与诱因
对病人的影响
诊疗与护理经过
常用护理诊断
排尿障碍
急性疼痛：腹痛
舒适度减弱：尿急
焦虑
知识缺乏
尿量异常
（少尿、无尿与多尿）
评估要点
尿量异常的起病情况、发病时间、有无节律性，是持续或间歇发作；尿液的颜色、次数、量
病因与诱因
对病人的影响
诊疗与护理经过
常用护理诊断
焦虑
体液过多
有电解质失衡的危险
知识缺乏
肾源性水肿
评估要点
水肿发生的时间、首发部位、发展顺序、性质、程度、局部表现、与活动、体位的关系
病因与诱因
对病人的影响
诊疗与护理经过
体液过多
常用护理诊断
皮肤完整性受损/有皮肤完整性受损的危险
活动无耐力
焦虑
知识缺乏
潜在并发症：急性肺水肿

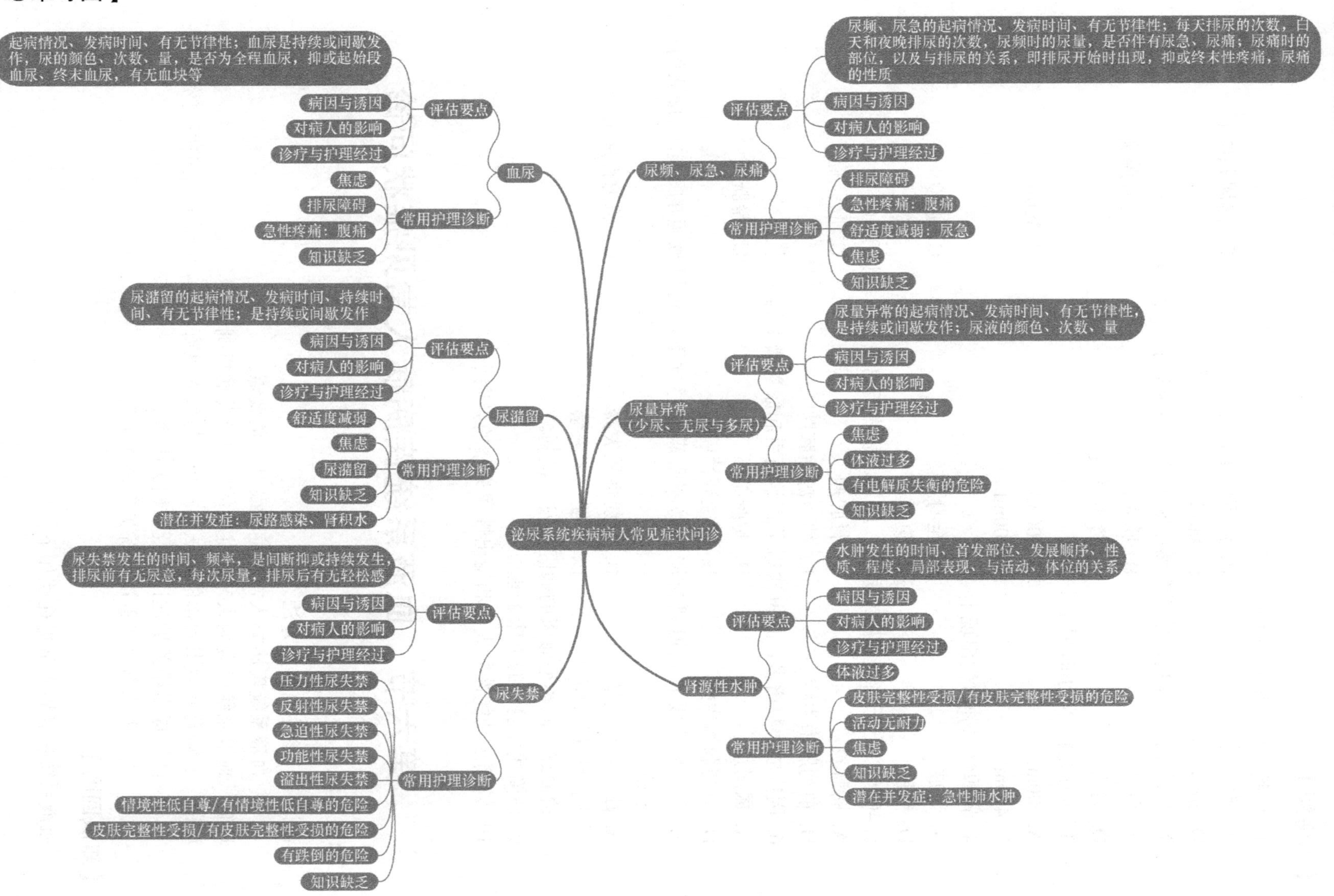

【思考题】

1. 引起血尿常见的病因是（　　）
A. 败血症　　B. 流行性出血热　　C. 泌尿系结石
D. 前列腺炎　　E. 痛风

2. 血尿伴排尿疼痛、尿流突然中断或排尿困难见于（　　）
A. 肾结石　　B. 膀胱结石　　C. 前列腺炎
D. 肾炎　　E. 肾盂肾炎

3. 少尿是指 24 小时尿量少于（　　）
A. 100ml　　B. 200ml　　C. 300ml
D. 400ml　　E. 500ml

4. 肾源性水肿常先出现于（　　）
A. 下肢　　B. 全身　　C. 眼睑
D. 胸腔　　E. 腹腔

5. 40 岁以上无痛性血尿或尿频、尿急、尿痛后出现血尿多见于（　　）
A. 膀胱炎　　B. 肾肿瘤　　C. 膀胱癌
D. 前列腺增生症　　E. 神经源性膀胱

6. 因排尿次数增多，且每次尿量正常而引起尿量增多为（　　）
A. 尿崩症　　B. 膀胱结石　　C. 膀胱炎
D. 前列腺增生症　　E. 神经源性膀胱

7. 个体处于没有急迫要排尿或膀胱胀满的感觉下，可以预见的不自觉排尿的一种状态是（　　）
A. 压力性尿失禁　　B. 反射性尿失禁　　C. 急迫性尿失禁
D. 完全性尿失禁　　E. 功能性尿失禁

8. 请简述不同类型血尿的病因及发生机制。

9. 请简述尿潴留的临床表现。

10. 请简述功能性尿失禁和溢出性尿失禁的异同点。

第六节　血液系统疾病病人常见症状问诊

【学习目标】

识记　问诊的内容及方法。
　　　血液系统疾病病人常见症状及其评估要点。
理解　血液系统疾病病人常见症状的病因及发病机制。
运用　能够充分运用问诊的方法、技巧，与病人良好沟通，全面收集健康史资料。
　　　能够提出相关护理诊断及其相关因素。
　　　能够正确书写“首次入院护理评估单”。

【知识回顾】

血液系统疾病病人常见症状如下。

一、出血

（一）评估要点

1. 出血特点 出血时间、缓急、部位、范围及特点（自发性或损伤后），出血的持续天数、消退情况及出血的频率；皮肤黏膜有无出血点、紫癜、瘀斑或皮下血肿；鼻腔黏膜、牙龈及眼底有无出血；有无头痛、呕吐、昏迷等颅内出血征象；使出血加重或缓解的因素；有无其他部位出血或其他伴随症状。

2. 病因与诱因 有无与出血有关的疾病史、出血性疾病家族史、过敏史、外伤史、放射性物质接触史等，有无明显的诱因。

3. 出血对病人的影响 有无因出血影响饮食、睡眠、大小便、自理能力、日常活动、工作和社会交往；有无焦虑、恐惧等心理情绪，家庭支持情况。

4. 诊疗与护理经过 已接受的辅助检查项目及结果，已采用的治疗或护理措施，包括是否接受抗凝或止血治疗，所用药物名称、剂量、频率、给药途径及效果。

（二）常用护理诊断

1. 有受伤的危险 出血与血小板减少、凝血因子缺乏、血管壁异常有关。

2. 活动无耐力 与出血所致血容量减少有关。

3. 恐惧 与出血量大或者反复出血所致情绪改变有关。

4. 知识缺乏 缺乏预防出血的相关知识。

二、发热

（一）评估要点

1. 发热特点 起病急缓、发病的时间，每次发热的持续时间，发热的程度、热程、热型，以及伴随症状；使发热加重或缓解的因素；有无其他伴随症状。

2. 病因与诱因 有无与发热有关的疾病史、感染性疾病病人接触史，有无明显的诱因，如疲劳、受凉。

3. 发热对病人的影响 高热期有无恶心、呕吐、谵妄或幻觉、小儿有无惊厥；体温下降期有无脱水；有无因发热影响饮食、睡眠、大小便、自理能力、日常活动、工作和社会交往；有无焦虑、恐惧等心理情绪，家庭支持情况。

4. 诊疗与护理经过 已接受的辅助检查项目及结果，已采用的治疗或护理措施，包括是否接受抗生素或降温治疗，所用药物名称、剂量、频率、给药途径及效果。

（二）常用护理诊断

1. 体温过高 与病原体感染、肿瘤细胞的高度增殖有关。

2. 体液不足 与体温下降期出汗过多和（或）体液摄入不足有关。

3. 营养失调 低于机体需要量与长期发热所致机体物质消耗增加和（或）营养物质摄入不足有关。

4. 口腔黏膜受损 与发热所致口腔黏膜干燥有关。

5. 焦虑 与担心疾病预后不良/长期发热不愈有关。

6. 潜在并发症 意识障碍、惊厥。

三、贫血

（一）评估要点

1. 贫血特点 贫血症状（疲倦、乏力、皮肤黏膜苍白等）出现的时间、缓急；使贫血加重或缓解的因素；有无其他伴随症状。

2. 病因与诱因 有无与贫血有关的疾病史、出血史、偏食、放射性物质接触史和化学毒物接触史等，有无明显的诱因。

3. 贫血对病人的影响 有无因贫血影响饮食、睡眠、大小便、自理能力、日常活动、工作和社会交往；有无焦虑、恐惧等心理情绪，家庭支持情况。

4. 诊疗与护理经过 已接受的辅助检查项目及结果，已采用的治疗或护理措施，所用药物名称、剂量、频率给药途径及效果。

（二）常用护理诊断

1. 活动无耐力 与贫血、红细胞携氧减少有关。

2. 焦虑 与贫血所致情绪改变有关。

3. 营养失调 低于机体需要量与造血物质不足，机体消耗增加等有关。

4. 知识缺乏 缺乏预防贫血的相关知识。

【案例举例】

某病人，女，12 岁，因“皮肤瘀斑 5 月余，反复发热 2 周”入院。请依据此主诉为主线进行深入问诊，获得完整健康史资料。

【问诊程序】

项目	问诊流程及问诊提纲	分值
问诊前准备 （10 分）	护士准备：衣帽整洁、仪表规范，修剪指甲、洗手、戴口罩	2 分
	用物准备：首次入院护理评估单、笔	4 分
	病人准备：理解问诊目的，愿意合作，采取舒适体位	2 分
	环境准备：环境安静、整洁，温、湿度适宜，并具有私密性	2 分
问诊过程 （80 分）	向病人做自我介绍，核对病人床号、姓名、住院号，协助其采取舒适体位，并做好解释工作，取得病人配合 “您好，我是您的责任护士××，请问您是 1 床××吗？因为您刚入院，我需要收集您的病情资料，以便为您提供更全面的护理，谢谢您的配合。”	3 分
	1. 询问基本资料： “接下来，我需要收集您的基本资料。”内容包括病人的姓名、性别、年龄、职业、民族、籍贯、文化程度、宗教信仰、家庭住址及联系电话、医疗费用支付方式、入院时间、入院诊断、入院类型、入院方式、资料来源及收集资料的时间等	3 分
	2. 询问主诉、现病史： “请问您是因为哪里不舒服入院的？ 从什么时候开始发现皮肤上有红点的？是怎么发现的呢？是突然有这么多，还是慢慢增多的？是自发出现的，还是在撞击或损伤以后出现的？开始出现的时候这些红点有多大？最大的有多大？小的有多小？全身大概有多少个？都分布在哪些地方？这段时间这些红点的位置、数量、大小、颜色有什么变化没有？每次大概多久会消退？大概多久又出现？ 从什么时候开始发热的？是突然发热的，还是慢慢热起来的？每次发热多久？热有多高？觉得有没有什么规律？ 这 5 个月以来病情有变化吗？和以往相比，病情有哪些变化？ 本次发病还有没有其他不舒服？有没有乏力、鼻腔出血、胸痛、头晕、心悸等症状？ 以前有没有在门诊做过相关检查，或者住院治疗过？有没有明确诊断是什么疾病？有没有处理过？是否服用什么药物？药物的名称是什么？每天服药几次？每次剂量多少？效果如何？”	30 分

续表

项目	问诊流程及问诊提纲	分值
问诊过程 （80分）	**3. 询问日常生活状况：** “平时饮食习惯如何？本次患病以来，食欲怎么样？睡眠有没有影响？大小便是否正常？体力状态如何？体重有没有明显变化？精神状态如何？”	10分
	4. 询问既往史： “以往的健康状况如何？ 有没有做过手术？（若有）什么时候做的？做的什么手术？因为什么做手术？ 有没有受过外伤？（若有）什么时候发生的？具体外伤情况？ 有没有对食物、药物，或者其他物质过敏的情况？（若有）具体对什么食物或药物过敏？当时是什么样的情况？接触了多少量？过敏的反应是什么样的？当时是怎么处理的呢？”	10分
	5. 询问个人史： “在哪里出生？出生时是顺产，还是剖宫产？是母乳喂养、人工喂养，还是混合喂养？生长发育都还好吗？身高、体重在同龄人中怎么样？平时居住在哪里？是否按国家规定进行预防接种？”	10分
	6. 询问家族史： “您父母、兄弟姐妹身体状况如何？（若父母已去世，询问去世的原因及年龄。）家人中有没有出现类似病情的？家族中有没有患有传染病、遗传病等情况的？”	7分
	7. 询问心理社会状况：具体方法见第三章	7分
问诊后处理 （5分）	整理、记录：问诊完毕，协助病人取舒适体位，整理床单位。洗手，对收集的资料进行归纳、整理，填写首次入院护理评估单	5分
评价 （5分）	问诊过程中语言温和、态度亲切、举止端庄，能够尊重病人，充分体现人文关怀	2分
	问诊规范、熟练，问诊内容全面、无遗漏，能够运用问诊技巧，与病人有效沟通	3分
总分		100分

【小结】

血液系统疾病病人常见症状包括出血、发热、贫血。评估上述症状时，一般均应从以下四方面展开：①症状特点；②可能存在的病因与诱因；③症状对病人的影响；④诊疗与护理经过。

【思维导图】

- 血液系统疾病病人常见症状问诊
  - 出血
    - 评估要点
      - 出血时间、缓急、部位、范围及特点，出血的持续天数、消退情况及出血的频率；皮肤黏膜有无出血点、紫癜、瘀斑或皮下血肿；鼻腔黏膜、牙龈及眼底有无出血；有无颅内出血征象
      - 病因与诱因
      - 对病人的影响
      - 诊疗与护理经过
    - 常用护理诊断
      - 有出血的危险
      - 活动无耐力
      - 睡眠型态紊乱
      - 恐惧
      - 知识缺乏
  - 发热
    - 评估要点
      - 起病急缓、发病的时间，每次发热的持续时间，热度、热程、热型、以及伴随症状
      - 病因与诱因
      - 对病人的影响
      - 诊疗与护理经过
    - 常用护理诊断
      - 体温过高
      - 体液不足
      - 营养失调：低于机体需要量
      - 口腔黏膜受损
      - 焦虑
      - 潜在并发症：意识障碍、惊厥
  - 贫血
    - 评估要点
      - 贫血症状（疲倦、乏力、皮肤黏膜苍白等）出现的时间、缓急
      - 病因与诱因
      - 对病人的影响
      - 诊疗与护理经过
    - 常用护理诊断
      - 活动无耐力
      - 焦虑
      - 营养失调：低于机体需要量
      - 知识缺乏

【思考题】

1. 若白血病病人突然视物模糊、头晕、头痛、呼吸急促、喷射性呕吐、甚至昏迷，提示（ ）
A. 颅内出血　B. 败血症　C. 脑膜白血病
D. 上消化道出血　E. 脑栓塞

2. 某病人，男，35 岁，患“慢性再生障碍性贫血”2 年，1 周来乏力，牙龈出血加重，伴发热、咳嗽、食欲缺乏。其护理诊断及合作性问题应除外（ ）
A. 活动无耐力　B. 组织完整性受损　C. 营养失调：低于机体需要量
D. 体液过多　E. 潜在并发症：感染

3. 成年人引起缺铁性贫血的最常见原因是（ ）
A. 铁的摄入不足　B. 铁的吸收不良　C. 慢性失血
D. 铁的需要量增加　E. 骨髓造血功能不良

4. 某病人，男，50 岁，因“乏力 2 个月，伴发热 3 天”入院，诊断为急性白血病，化疗后有食欲减退、恶心，血白细胞计数 3×10^9/L，血红蛋白 60g/L，血小板计数 180×10^9/L，该病人的护理诊断不包括（ ）
A. 潜在的感染　B. 营养失调　C. 活动无耐力
D. 潜在并发症：颅内出血　E. 舒适的改变：发热、恶心

5. 皮下出血直径 3～5 ㎜为（ ）
A. 瘀点　B. 紫癜　C. 瘀斑
D. 血肿　E. 出血点

6. 如何鉴别出血点、紫癜和瘀斑？

第七节　内分泌与代谢性疾病病人常见症状问诊

【学习目标】

识记　问诊的内容及方法。
　　　内分泌与代谢性疾病病人常见症状及其评估要点。
理解　内分泌与代谢性疾病病人常见症状的病因及发病机制。
运用　能够充分运用问诊的方法、技巧，与病人良好沟通，全面收集健康史资料。
　　　能够提出相关护理诊断及其相关因素。
　　　能够正确书写“首次入院护理评估单”。

【知识回顾】

内分泌与代谢性疾病病人常见症状如下。

一、身体外形的改变

（一）评估要点

1. 身体外形改变的特点　发病时间、部位、局部表现及程度，有无伴随症状。

2. 病因与诱因　引起身体外形改变的原因，有无脑垂体、甲状腺、甲状旁腺、肾上腺或部分代谢性的疾病，是否跟遗传、外伤、精神心理、年龄、药物等有关。

3. 身体外形改变对病人的影响　有无因外形改变影响自理能力、日常活动、工作和社会

交往；有无焦虑、自卑、抑郁等心理情绪变化及家庭支持情况。

4. 诊疗与护理经过　已接受的诊断性检查项目及结果，已采用的治疗或护理措施，所用药物名称、剂量、给药途径及效果或其他修饰外形的具体措施。

（二）常用护理诊断

1. 自我形象紊乱　与甲状腺素、肾上腺糖皮质激素分泌异常所致突眼、甲状腺肿大、向心性肥胖或女性男性化等形体改变有关。

2. 感知改变　与内分泌疾病所致视觉、触觉等功能障碍有关。

3. 个人应对无效　与身体外形改变所致个人心理社会功能失调有关。

4. 社交孤立　与身体外形改变所致人格改变有关。

二、生殖发育及性功能异常

（一）评估要点

1. 生殖发育及性功能异常的特点　起病情况、发病时间，目前的性功能、性活动与性生活形态，有无伴随症状，女性病人还应评估其月经史及生育史。

2. 病因与诱因　性功能异常的发生原因。

3. 生殖发育及性功能异常对病人的影响　有无心理情绪变化；有无因生殖发育及性功能异常影响到家庭关系。

4. 诊疗与护理经过　已接受的诊断性检查项目及结果，已采用的治疗或护理措施。

（二）常用护理诊断

1. 性功能障碍　与内分泌功能紊乱有关。

2. 有生长比例失调的危险　与内分泌功能紊乱有关。

三、进食或营养异常

（一）评估要点

1. 进食或营养改变的特点　有无食欲亢进或减退、营养不良、消瘦或肥胖等情况，出现时间及其发展变化过程。

2. 病因与诱因　既往有无糖尿病、甲状腺功能亢进或其他疾病史。

3. 进食或营养改变对病人的影响　饮食、睡眠、大小便、自理能力、日常活动、工作和社会交往有无受到影响；有无心理情绪变化及家庭支持情况。

4. 诊疗与护理经过　已接受的诊断性检查项目及结果，已采用的治疗或护理措施。

（二）常用护理诊断

1. 营养失调　低于机体需要量与激素分泌功能异常所致物质代谢、胃肠功能紊乱有关。

2. 腹泻　与激素分泌异常所致肠蠕动增加有关。

3. 便秘　与激素分泌异常所致代谢率降低有关。

4. 活动无耐力　与激素分泌异常所致体能下降有关。

四、疲乏

（一）评估要点

1. 疲乏的特点　病人从事日常活动能力改变的时间、程度，有无疲乏无力的感觉及程度，睡眠时间有无改变；使疲乏加重或缓解的因素；有无其他伴随症状。

2. 病因与诱因 有无与疲乏有关的疾病史、用药史等，有无明确的诱因，疲乏是否与休息、活动等有关。

3. 疲乏对病人的影响 有无因疲劳影响自理能力、日常活动、工作和社会交往；有无心理情绪变化及家庭支持情况。

4. 诊疗与护理经过 已接受的诊断性检查项目及结果，已采用的治疗或护理措施。

（二）常用护理诊断

活动无耐力 与基础代谢率增加或休息/睡眠时间不足有关。

五、排泄功能异常

（一）评估要点

1. 排泄功能异常的特点 有无排尿、排便的异常，起病情况、发病时间，病程长短；有无排便困难，大小便的次数、颜色、性状、量；有无加重或缓解的因素；有无其他伴随症状。

2. 病因与诱因 有无与排泄功能异常有关的疾病史、用药史，有无明确的诱因如精神紧张、环境改变、不良饮食、饮水习惯。

3. 排泄功能异常对病人的影响 有无水、电解质紊乱、酸碱失衡，有无肛周疼痛、肛裂、痔疮，有无因排泄功能异常影响饮食、睡眠、自理能力、日常活动、工作；有无心理情绪变化及家庭支持情况。

4. 诊疗与护理经过 已接受的诊断性检查项目及结果，已采用的治疗或护理措施，包括是否接受止泻、导泻或利尿治疗，所用药物名称、剂量、给药途径及效果。

（二）常用护理诊断

1. 腹泻 与激素分泌异常所致肠蠕动增加有关。

2. 便秘 与激素分泌异常所致代谢率降低有关。

3. 体液过多 与激素分泌异常所致水钠潴留有关。

4. 体液不足 与激素分泌异常所致水钠排泄过多有关；与内分泌疾病所致大量失水，严重呕吐、腹泻有关。

5. 营养失调 低于机体需要量与消化吸收障碍或摄入减少有关。

6. 有皮肤完整性受损的危险 与腹泻、便秘所致肛周组织损伤有关。

7. 知识缺乏 缺乏预防及治疗便秘和腹泻的相关知识。

8. 焦虑 与长期腹泻或便秘有关。

六、骨痛与自发性骨折

（一）评估要点

1. 骨痛与自发性骨折的特点 包括起病缓急、持续时间、疼痛部位、性质、程度，有无使疼痛加重或缓解的因素；有无骨折，骨折有无导致活动受限。

2. 病因与诱因 有无明确的诱因，骨痛、骨折是否与糖尿病、甲状腺功能亢进、性腺功能减退等代谢性疾病有关，有无外伤或手术史。

3. 骨痛与自发性骨折对病人的影响 有无因疼痛影响休息、睡眠、自理能力、日常活动、工作和社会交往；有无因疼痛或骨折所致的肢体功能障碍或强迫体位；有无心理情绪变化及家庭支持情况；有无滥用止痛药物或止痛药物依赖等。

4. 诊疗与护理经过 已接受的诊断性检查项目及结果，已采用的治疗或护理措施，包括是否使用止痛药物，所用药物名称、剂量、给药途径及效果，是否采用其他止痛措施及疗效。

（二）常用护理诊断

1. **慢性疼痛** 与骨质疏松有关。
2. **睡眠型态紊乱** 与疼痛有关。
3. **组织完整性受损** 与自发性骨折有关。
4. **躯体活动障碍** 与自发性骨折有关。
5. **焦虑** 与长期慢性疼痛有关。

【案例举例】

某病人，女，28 岁，因“多食、消瘦 3 年，心慌、乏力 5 个月”入院。请依据此主诉为主线进行深入问诊，获得完整健康史资料。

【问诊程序】

项目	问诊流程及问诊提纲	分值
问诊前准备（10 分）	护士准备：衣帽整洁、仪表规范，修剪指甲、洗手、戴口罩	2 分
	用物准备：首次入院护理评估单、笔	4 分
	病人准备：理解问诊目的，愿意合作，采取舒适体位	2 分
	环境准备：环境安静、整洁，温、湿度适宜，并具有私密性	2 分
问诊过程（80 分）	向病人做自我介绍，核对病人床号、姓名、住院号，协助其采取舒适体位，并做好解释工作，取得病人配合 “您好，我是您的责任护士××，请问您是 1 床××吗？因为您刚入院，我需要收集您的病情资料，以便为您提供更全面的护理，谢谢您的配合。”	3 分
	1. 询问基本资料： “接下来，我需要收集您的基本资料。”内容包括病人的姓名、性别、年龄、职业、民族、籍贯、婚姻状况、文化程度、宗教信仰、家庭住址及联系电话、医疗费用支付方式、入院时间、入院诊断、入院类型、入院方式、资料来源及收集资料的时间等	3 分
	2. 询问主诉、现病史： “请问您是因为什么不舒服入院的？ 从什么时候开始发现自己食量变大的？与之前相比每天要多吃多少？什么时候开始出现消瘦的？体重变化明显吗？多长时间测量一次体重？每两次差别多少？ 您是从什么时候开始出现心慌、乏力的？一般在什么情况下会出现？每次会持续多长时间？如何缓解？这几个月来病情有变化吗？ 本次发病还有没有其他不舒服？有没有烦躁、易怒、怕热多汗、腹泻等情况？颈部有无疼痛、触痛或压迫感？有无眼胀、眼痛、流泪、怕光、头痛？ 入院前有没有治疗过？有没有明确诊断是什么疾病？是如何治疗的？平时服用什么药物？每天服药几次？每次剂量多少？效果如何？”	30 分
	3. 询问日常生活状况： “平时饮食习惯如何？本次患病以来睡眠有没有影响？大小便是否正常？体力状态如何？精神状态如何？视力怎么样？”	10 分
	4. 询问既往史： “以往的健康状况如何？是否患有高血压、糖尿病、心脏病等慢性病？（若有）这些慢性病平时管理控制的如何？ 有没有做过手术？（若有）什么时候做的？做的什么手术？因为什么做手术？ 有没有受过外伤？（若有）什么时候发生的？具体外伤情况如何？ 有没有对食物或药物过敏的情况？（若有）具体对什么食物或药物过敏？请描述当时的具体情况，有什么过敏反应？当时是如何处理的？”	10 分

续表

项目	问诊流程及问诊提纲	分值
问诊过程（80分）	**5. 询问个人史：** “平时有没有吸烟饮酒的嗜好？（若有）吸烟有多长时间了？平时每天吸烟多少支？饮酒有多长时间了？平时每天饮酒多少？主要饮用什么酒？（若已经戒烟戒酒）请问戒烟戒酒多长时间了？戒除前吸烟饮酒的情况如何？ 是否已婚？结婚年龄？配偶的健康状况如何？有没有生育过孩子？生育年龄？怀孕过几次？生育有几个孩子？”	10分
	6. 询问家族史： “您父母、子女、兄弟姐妹身体状况如何？（若父母已去世，询问去世的原因及年龄。）家人中有没有出现类似病情的？家族中有没有患有传染病、遗传病等情况的？”	7分
	7. 询问心理社会状况：具体方法见第三章	7分
问诊后处理（5分）	整理、记录：问诊完毕，协助病人取舒适体位，整理床单位。洗手，对收集的资料进行归纳、整理，填写首次入院护理评估单	5分
评价（5分）	问诊过程中语言温和、态度亲切、举止端庄，能够尊重病人，充分体现人文关怀	2分
	问诊规范、熟练，问诊内容全面、无遗漏，能够运用问诊技巧，与病人有效沟通	3分
总分		100分

【小结】

内分泌与代谢性疾病病人常见症状包括身体外形的改变、生殖发育及性功能的异常、进食或营养异常、疲乏、排泄功能异常、骨痛与自发性骨折。评估上述症状时，均应从以下四方面展开：①症状特点；②可能存在的病因与诱因；③症状对病人的影响；④诊疗与护理经过。

【思维导图】

内分泌与代谢性疾病病人常见症状问诊
身体外形的改变
评估要点
身体外形改变的时间、部位、局部表现及程度，有无伴随症状
病因与诱因
对病人日常生活及心理情绪的影响
诊疗与护理经过
常用护理诊断
自我形象紊乱
感知改变
个人应对无效
社交孤立
生殖发育及性功能的异常
评估要点
目前的性功能、性活动与性生活形态，有无伴随症状，女性病人月经史及生育史
病因与诱因
对病人日常生活及心理情绪的影响
诊疗与护理经过
常用护理诊断
性功能障碍
有生长比例失调的危险
进食或营养异常
评估要点
有无食欲改变、营养不良、消瘦或肥胖等情况，出现时间及其发展变化过程
病因与诱因
对病人日常生活及心理情绪的影响
诊疗与护理经过
常用护理诊断
营养失调
腹泻
便秘
活动无耐力
疲乏
评估要点
疲乏的起病时间、程度、表现形式，睡眠状态
病因与诱因
对病人日常生活及心理情绪的影响
诊疗与护理经过
常用护理诊断
活动无耐力
排泄功能异常
评估要点
排尿、排便的形态、次数、尿液、粪便颜色、性状及量
病因与诱因
对病人日常生活及心理情绪的影响
诊疗与护理经过
常用护理诊断
腹泻
便秘
体液过多
体液不足
营养失调：低于机体需要量
有皮肤完整性受损的危险
知识缺乏
焦虑
骨痛与自发性骨折
评估要点
起病缓急、持续时间、疼痛部位、性质、程度，有无骨折
病因与诱因
对病人日常生活及心理情绪的影响
诊疗与护理经过
常用护理诊断
慢性疼痛
睡眠型态紊乱
组织完整性受损
躯体活动障碍
焦虑

【思考题】

1. 消瘦是指体重低于标准体重的（ ）
A. 10%以上 B. 20%以上 C. 1 个标准差以上
D. 2 个标准差以上 E. 3 个标准差以上
2. 肥胖是指体重超过标准体重的（ ）
A. 10%以上 B. 20%以上 C. 1 个标准差以上
D. 2 个标准差以上 E. 3 个标准差以上
3. 关于便秘的概念，错误的是（ ）
A. 排便次数减少 B. 每日少于 1 次 C. 排便困难
D. 粪便干结 E. 不易排出
4. 下列哪项不是功能性便秘的原因（ ）
A. 食物缺乏纤维素
B. 肠易激综合征致肠道运动功能紊乱
C. 长期滥用泻药
D. 肛门病变致排便疼痛而惧怕排便
E. 应用吗啡导致肠肌松弛
5. 慢性腹泻是指腹泻超过（ ）
A. 半个月 B. 2 个月 C. 半年
D. 1 年 E. 3 个月
6. 下列哪项不可能是便秘的表现（ ）
A. 腹部膨隆 B. 肠鸣音减弱 C. 腹部包块
D. 腹部浊音区明显扩大 E. 腹胀
7. 下列关于皮质醇增多症的描述哪项是错误的（ ）
A. 向心性肥胖、痤疮 B. 皮肤粗厚、肌肉发达 C. 满月面、多血质外貌
D. 骨质疏松、高血压 E. 葡萄糖耐量异常
8. 多尿伴多饮、多食、体重减轻,首先应考虑（ ）
A. 糖尿病 B. 尿崩症 C. 原发性醛固酮增多症
D. 泌尿系结石 E. 膀胱炎
9. 甲状腺危象的最主要临床表现是（ ）
A. 心率＞160 次/分，体温＞39℃，腹泻
B. 心率加快，血压高，头晕，头痛
C. 心慌，气促，呕吐，腹泻
D. 发绀，鼻翼扇动，心悸，出汗
E. 面色苍白，四肢厥冷，呼吸困难
10. 糖尿病酮症酸中毒昏迷与高渗性昏迷的主要鉴别点有哪些?
11. 当病人出现腹泻、消瘦症状时，如何展开评估？
12. 病例分析：某病人，男，43 岁，因“口干、多饮、多食 1 月，加重 1 周”入院。请依据此主诉为主线进行深入问诊，获得完整健康史资料。

第八节　风湿性疾病病人常见症状问诊

【学习目标】

识记　问诊的内容及方法。
　　　风湿性疾病病人常见症状及其评估要点。
理解　风湿性疾病病人常见症状的病因及发病机制。
运用　能够充分运用问诊的方法、技巧，与病人良好沟通，全面收集健康史资料。
　　　能够提出相关护理诊断及其相关因素。
　　　能够正确书写“首次入院护理评估单”。

【知识回顾】

风湿性疾病病人常见症状如下。

一、关节疼痛与肿胀

（一）评估要点

1. 关节疼痛与肿胀的特点　①疼痛的起始时间、起病特点，发病年龄，是缓慢发生还是急骤发作，是游走性疼痛还是部位固定；②疼痛呈发作性还是持续性，是否可逆；③疼痛的严重程度、与活动的关系；④具体受累的关节，是多关节还是单关节；⑤疼痛是否影响关节的附属结构（肌腱、韧带、滑囊等）；⑥有无关节畸形和功能障碍；⑦有无晨僵，晨僵持续时间，缓解方法等；⑧是否伴随其他症状，如长期低热、乏力、食欲缺乏、皮肤日光过敏、皮疹、蛋白尿、少尿、血尿、心血管或呼吸系统症状、口眼干燥等。

2. 病因与诱因　有无与关节疼痛与肿胀有关的疾病史、用药史等，有无明确的诱因，关节疼痛与肿胀是否与体位、环境、气候、活动、年龄、性别等有关。

3. 关节疼痛与肿胀对病人的影响　有无因关节疼痛与肿胀影响饮食、睡眠、自理能力、日常活动、工作和社会交往；有无心理情绪变化及家庭支持情况。

4. 诊疗与护理经过　已接受的诊断性检查项目及结果，已采用的治疗或护理措施，包括是否接受止痛、消肿治疗，所用药物名称、剂量、给药途径及效果。

（二）常用护理诊断

1. 疼痛　慢性关节疼痛与炎性反应有关。

2. 躯体活动障碍　与关节持续疼痛有关。

3. 焦虑　与疼痛反复发作、病情迁延不愈有关。

二、关节僵硬与活动受限

（一）评估要点

1. 关节僵硬与活动受限的特点　评估关节僵硬与活动受限发生的时间、部位、持续时间、缓解方式，关节僵硬与活动的关系，活动受限是突发的还是渐进的。

2. 病因与诱因　有无与关节僵硬和活动受限有关的疾病史、用药史等，有无明确的诱因，关节疼痛与肿胀是否与体位、环境、气候、活动、年龄、性别等有关。

3. 关节僵硬与活动受限对病人的影响　有无因关节僵硬与活动受限影响饮食、睡眠、自理能力、日常活动、工作和社会交往；有无心理情绪变化及家庭支持情况。

4. 诊疗与护理经过 已接受的诊断性检查项目及结果，已采用的治疗或护理措施，所用药物名称、剂量、给药途径及效果。

（二）常用护理诊断

1. 躯体活动障碍 与关节疼痛、僵硬，以及关节、肌肉功能障碍有关。

2. 自理能力受限 与关节疼痛、僵硬，以及关节、肌肉功能障碍有关

3. 焦虑 与活动障碍有关。

三、皮肤损害

（一）评估要点

1. 皮肤损害的特点 了解皮肤损害的起始时间、演变特点，有无日光过敏、口眼干燥、胸痛等伴随症状。若疑为雷诺现象，还应注意评估其诱因、发作频率、持续时间及范围。

2. 病因与诱因 有无与皮肤损害有关的疾病史、用药史等，有无明确的诱因，皮肤损害是否与日晒、接触刺激性物品、妊娠、精神刺激等有关。

3. 皮肤损害对病人的影响 皮肤损害有无导致感染；有无心理情绪变化及家庭支持情况。

4. 诊疗与护理经过 已接受的诊断性检查项目及结果，已采用的治疗或护理措施，所用药物名称、剂量、给药途径、效果及有无副作用。

（二）常用护理诊断

1. 皮肤完整性受损 与血管炎性反应及应用免疫抑制剂等因素有关。

2. 外周组织灌注无效 与肢体末端血管痉挛、血管舒缩功能调节障碍有关。

【案例举例】

某病人，男，42 岁，因“反复腰痛 10 余年，跛行 1 月”入院。请依据此主诉为主线进行深入问诊，获得完整健康史资料。

【问诊程序】

项目	问诊流程及问诊提纲	分值
问诊前准备（10 分）	护士准备：衣帽整洁、仪表规范，修剪指甲、洗手、戴口罩	2 分
	用物准备：首次入院护理评估单、笔	4 分
	病人准备：理解问诊目的，愿意合作，采取舒适体位	2 分
	环境准备：环境安静、整洁，温、湿度适宜，并具有私密性	2 分
问诊过程（80 分）	向病人做自我介绍，核对病人床号、姓名、住院号，协助其采取舒适体位，并做好解释工作，取得病人配合 “您好，我是您的责任护士××，请问您是 1 床××吗？因为您刚入院，我需要收集您的病情资料，以便为您提供更全面的护理，谢谢您的配合。”	3 分
	1. 询问基本资料： “接下来，我需要收集您的基本资料。”内容包括病人的姓名、性别、年龄、职业、民族、籍贯、婚姻状况、文化程度、宗教信仰、家庭住址及联系电话、医疗费用支付方式、入院时间、入院诊断、入院类型、入院方式、资料来源及收集资料的时间等	3 分
	2. 询问主诉、现病史： “请问您是因为什么不舒服入院的？ 从什么时候开始出现腰痛的？是持续性还是间歇性的？每次疼痛会持续多长时间？是什么性质的疼痛？疼痛的程度如何？如何缓解？疼痛和活动有关系吗？有无晨起腰背部或肢体僵硬的情况？一般持续多长时间？如何缓解？	30 分

续表

项目	问诊流程及问诊提纲	分值
问诊过程（80分）	跛行是什么时候开始的？有无诱因？是持续性还是间歇性的？如何缓解？ 这10余年来病情有变化吗？ 本次发病还有没有其他不舒服？有没有关节变形、下肢麻木、感觉异常、肌肉萎缩等？ 入院前有没有治疗过？有没有明确诊断是什么疾病？是如何治疗的？平时服用什么药物？每天服药几次？每次剂量多少？效果如何？”	30分
	3. 询问日常生活状况： “平时饮食习惯如何？本次患病以来，食欲怎么样？睡眠有没有影响？大小便是否正常？体力状态如何？体重有没有明显变化？精神状态如何？”	10分
	4. 询问既往史： “以往的健康状况如何？是否患有高血压、糖尿病、心脏病等慢性病？（若有）这些慢性病平时管理控制的如何？ 有没有做过手术？（若有）什么时候做的？做的什么手术？因为什么做手术？ 有没有受过外伤？（若有）什么时候发生的？具体外伤情况如何？ 有没有对食物或药物过敏的情况？（若有）具体对什么食物或药物过敏？请描述当时的具体情况，有什么过敏反应？当时是如何处理的？”	10分
	5. 询问个人史： “平时有没有吸烟饮酒的嗜好？（若有）吸烟有多长时间了？平时每天吸烟多少支？饮酒有多长时间了？平时每天饮酒多少？主要饮用什么酒？(若已经戒烟戒酒)请问戒烟戒酒多长时间了？戒除前吸烟饮酒的情况如何？是否已婚？结婚年龄？配偶的健康状况如何？有没有生育过孩子？生育年龄？怀孕过几次？生育有几个孩子？	10分
	6. 询问家族史： “您父母、子女、兄弟姐妹身体状况如何？（若父母已去世，询问去世的原因及年龄。）家人中有没有出现类似病情的？家族中有没有患有传染病、遗传病等情况的？”	7分
	7. 询问心理社会状况：具体方法见第三章	7分
问诊后处理（5分）	整理、记录：问诊完毕，协助病人取舒适体位，整理床单位。洗手，对收集的资料进行归纳、整理，填写首次入院护理评估单	5分
评价（5分）	问诊过程中语言温和、态度亲切、举止端庄，能够尊重病人，充分体现人文关怀	2分
	问诊规范、熟练，问诊内容全面、无遗漏，能够运用问诊技巧，与病人有效沟通	3分
总分		100分

【小结】

风湿性疾病病人常见症状包括关节疼痛与肿胀、关节僵硬与活动受限、皮肤损害。评估上述症状时，均应从以下四方面展开：①症状特点；②可能存在的病因与诱因；③症状对病人的影响；④诊疗与护理经过。

【思维导图】

风湿性疾病病人常见症状问诊
关节疼痛与肿胀
评估要点
疼痛、肿胀的起病时间、性质、部位、程度及伴随症状
病因与诱因
对病人日常生活及心理情绪的影响
诊疗与护理经过
常用护理诊断
疼痛
躯体活动障碍
焦虑
关节僵硬与活动受限
评估要点
评估关节僵硬与活动受限发生的时间、部位、持续时间、缓解方式
病因与诱因
对病人日常生活及心理情绪的影响
诊疗与护理经过
常用护理诊断
躯体活动障碍
自理能力缺陷
焦虑
皮肤损害
评估要点
皮肤损害的起始时间、演变特点，有无日光过敏、口眼干燥、胸痛等伴随症状
病因与诱因
对病人日常生活及心理情绪的影响
诊疗与护理经过
常用护理诊断
皮肤完整性受损
外周组织灌注不足

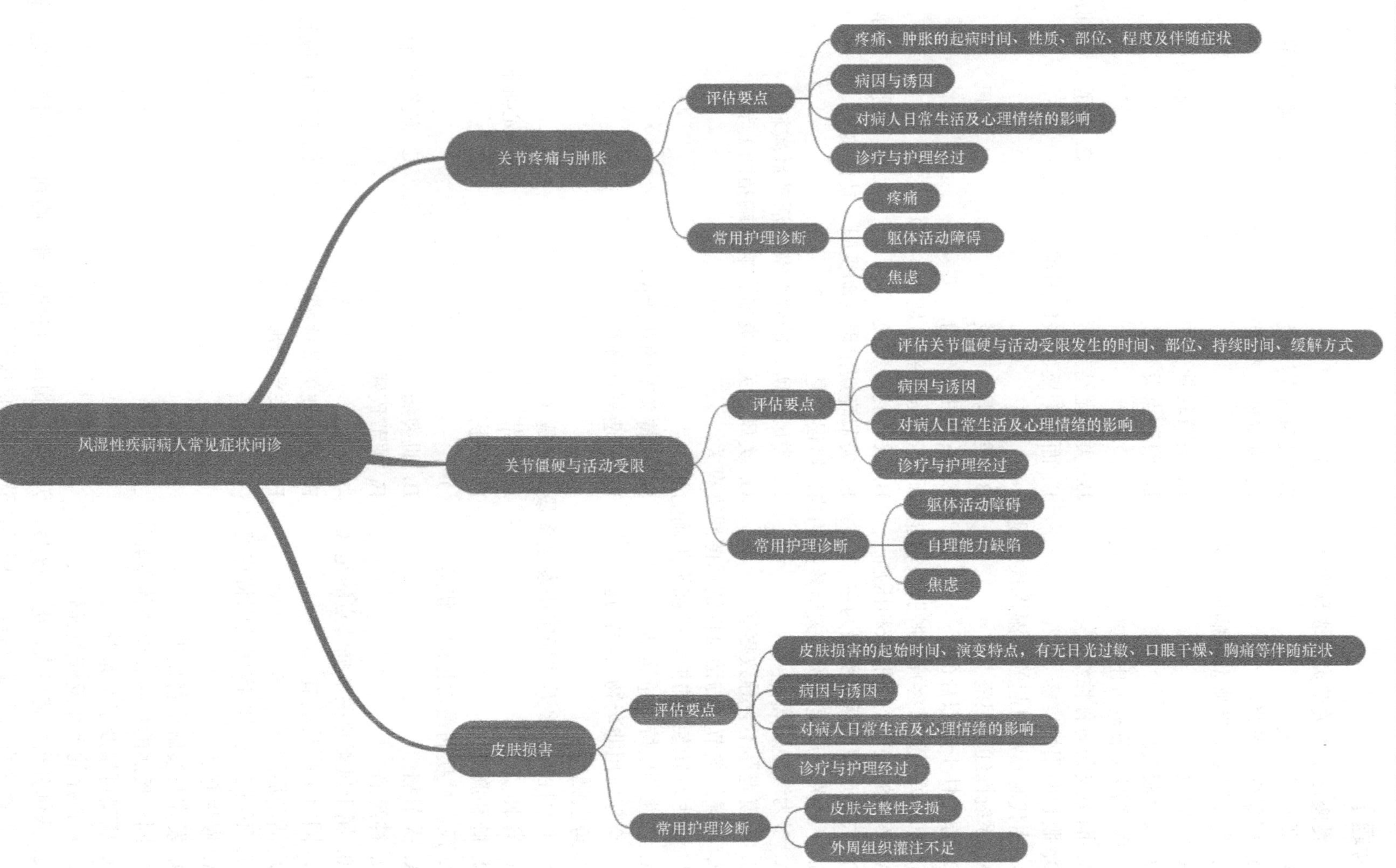

【思考题】

1. 晨僵在哪类关节炎中表现突出（　　）

A. 骨性关节炎　　B. 类风湿关节炎　　C. 强直性脊柱炎
D. 感染性关节炎　　E. 风湿性关节炎

2. 类风湿关节炎典型的病理表现（　　）

A. 血管炎　　B. 关节软骨变性　　C. 滑膜炎
D. 关节腔变性　　E. 附着点炎

3. 类风湿关节炎可出现（　　）

A. 面部皮肤对称性红斑　　B. 类风湿结节　　C. 口腔、阴部溃疡
D. 眼睑面阳性皮疹　　E. 面容刻板、张口困难

4. 由代谢异常引起的风湿性疾病是（　　）

A. 系统性红斑狼疮　　B. 类风湿关节炎　　C. 痛风
D. 原发性干燥综合征　　E. 系统性硬化病

5. 下列关于关节疼痛、肿胀及功能障碍，说法欠妥的是（　　）

A. 疼痛的关节均可肿胀和压痛　　B. 关节腔有积液　　C. 滑膜可肥厚
D. 关节晚期以活动受限为主　　E. 关节晚期出现活动受限、功能丧失

6. 下列关于风湿性疾病关节疼痛的描述错误的是（　　）

A. 多为缓慢疾病　　B. 类风湿所致的膝关节痛活动后减轻
C. 滑膜肥厚不会导致疼痛　　D. 类风湿关节炎多影响近端指间关节
E. 风湿热关节痛与溶血性链球菌感染有关

7. 慢性关节疼痛的护理措施不正确的是（　　）

A. 急性期坚持适量运动　　B. 保持关节的功能位
C. 合理应用非药物止痛措施　　D. 创造舒适环境
E. 遵医嘱用药

8. 风湿性疾病多系统损害中发生率最高的是（　　）

A. 肾脏　　B. 关节　　C. 心血管
D. 肺和胸部　　E. 皮肤

9. 风湿性疾病最常见的症状是（　　）

A. 关节痛　　B. 肌肉痛　　C. 软组织痛
D. 神经痛　　E. 关节致残

10. 属于风湿热关节痛特点的是（　　）

A. 固定于少数关节　　B. 游走性关节疼痛　　C. 活动后减轻
D. 活动后缓解　　E. 常致关节畸形

11. 不符合风湿性疾病共同特点的（　　）

A. 慢性起病
B. 发作与缓解交替出现
C. 同一疾病的临床表现个体差异不大
D. 病变可累及多个系统
E. 对治疗的个体反应差异较大

12. 病例分析：某病人，男，38 岁，因“突发胸痛、呼吸困难、咯血 2 小时”入院。请依据此主诉为主线进行深入问诊，获得完整健康史资料。

第九节 神经系统疾病病人常见症状问诊

【学习目标】

识记 问诊的内容及方法。

神经系统疾病病人常见症状及其评估要点。

理解 神经系统疾病病人常见症状的病因及发病机制。

运用 能够充分运用问诊的方法、技巧，与病人良好沟通，全面收集健康史资料。

能够提出相关护理诊断及其相关因素。

能够正确书写“首次入院护理评估单”。

【知识回顾】

神经系统疾病病人常见症状如下。

一、头痛

（一）评估要点

1. 头痛的特点 起病情况、发病时间、有无节律性；头痛的部位、性质、程度、持续时间；使头痛加重或缓解的因素；有无头晕、恶心、呕吐等先兆及伴随症状。

2. 病因与诱因 有无与头痛有关的疾病史、用药史、外伤史、中毒史、家族史等，有无明确的诱因，头痛是否与季节、气候、体位、活动、饮食、情绪、睡眠、疲劳及与脑脊液压力暂时性升高（如咳嗽、喷嚏、屏气、用力、排便）等有关。

3. 头痛对病人的影响 有无因头痛影响饮食、睡眠、大小便、自理能力、日常活动、工作和社会交往；有无心理情绪变化及家庭支持情况。

4. 诊疗与护理经过 已接受的诊断性检查项目及结果，已采用的治疗或护理措施，所用药物名称、剂量、给药途径及效果。

（二）常用护理诊断

1. 疼痛 头痛与颅内外血管舒缩功能障碍或脑内器质性病变等因素有关。

2. 焦虑 与疼痛有关。

二、眩晕

（一）评估要点

1. 眩晕的特点 眩晕的起病情况、性质、程度、持续时间、发作频率；使眩晕加重或缓解的因素；有无其他伴随症状，如耳鸣、听力下降、恶心、呕吐、共济失调、眼球震颤等。

2. 病因与诱因 有无与眩晕有关的疾病史，有无体位改变、睡眠不良、乘车、晕船等诱发因素。

3. 眩晕对病人的影响 有无跌倒，有无因眩晕影响自理能力、日常活动、工作和社会交往；有无烦躁、恐惧或情绪低落等心理情绪变化及家庭支持情况。

4. 诊疗与护理经过 已接受的诊断性检查项目及结果，已采用的治疗或护理措施，所用药物名称、剂量、给药途径及效果。

（二）常用护理诊断

1. 舒适度减弱 与突发眩晕、恶心、呕吐有关。

2. 感知改变　与前庭或小脑功能障碍有关。

3. 有受伤的危险　与眩晕发作时平衡失调、步态不稳有关。

4. 恶心　与前庭功能障碍有关

5. 有营养失调的危险　低于机体需要量与前庭功能障碍导致食欲缺乏、摄入减少有关。

6. 焦虑/恐惧　与担心疾病预后不良、眩晕迁延不愈有关。

三、晕厥

同第一章第三节“心源性晕厥”。

四、抽搐与惊厥

（一）评估要点

1. 抽搐与惊厥的特点　抽搐与惊厥发作频率，严重程度、持续和间隔时间，抽搐是全身性还是局限性，性质为持续强直或是间歇阵挛性，发作时意识状态，以及有无发热、血压增高、脑膜刺激征、剧烈头痛、意识丧失等提示危重急症的伴随症状与体征。

2. 病因与诱因　有无与抽搐和惊厥相关的疾病,有无情绪波动、环境因素刺激、高热等诱因。

3. 抽搐与惊厥对病人的影响　有无跌伤、舌咬伤等意外发生；有无全身无力、肌肉酸痛等发作后反应；有无排便、排尿失禁等排泄型态的改变；持续发作者应注意有无高热，同时还应注意病人亲属是否存在应对无效的情况。

4. 诊断与护理经过　已接受的诊断性检查及结果,以及已采用的治疗或护理措施及效果。

（二）常用护理诊断

1. 有受伤的危险　与惊厥发作所致的不受控制的强直性肌肉收缩和意识丧失有关。

2. 排尿障碍/排便失禁　与抽搐与惊厥发作所致短暂意识丧失有关。

3. 恐惧　与不可预知的惊厥发作有关。

4. 有窒息的危险　与抽搐与惊厥伴意识障碍所致呼吸道分泌物误吸有关；与抽搐与惊厥发作所致舌后坠堵塞呼吸道有关。

5. 照顾者角色紧张　与照顾接受者的健康不稳定性及照顾情景的不可预测性有关。

6. 个人/家庭应对无效　与无能力处理突发抽搐与惊厥有关。

五、意识障碍

（一）评估要点

1. 意识障碍的特点　包括起病情况、病程长短、意识障碍程度及其进展；有无其他伴随症状，如发热、瞳孔改变、呼吸变慢、血压改变、心动过缓、脑膜刺激征、偏瘫等。评估意识障碍程度可通过与病人交谈,评估其思维、反应、情感活动、定向力等。必要时可通过痛觉、角膜反射、瞳孔对光反射检查等判断意识障碍的程度。也可按格拉斯哥昏迷评分表（Glasgow coma scale，GCS）对意识障碍的程度行测评。GCS 评分项目包括睁眼反应、运动反应和语言反应。分测 3 个项目并予以计分，再将各项目分值相加求其总分,即可得到意识障碍程度的客观评分。GCS 总分为 15 分,那些对语言指令没有反应或不能睁眼且 GCS 总分为 8 分或更低的情况被定义为昏迷。评估中应注意运动反应的刺激部位应以上肢为主,以最佳反应记分。

2. 病因与诱因　有无与意识障碍相关的疾病史、用药史，有无明确的诱因，如药物中毒毒、电击、中暑、高山病、溺水等。

3. 意识障碍对病人的影响 主要包括有无口腔炎、结膜炎、角膜炎、角膜溃疡、压疮；有无营养不良、肌肉萎缩、关节僵硬、肢体挛缩畸形；有无排便、排尿失禁；有无头痛、呕吐等提示危重急症发生的伴随症状；有无亲属无能力照顾病人的情况。

4. 诊疗与护理经过 已接受的诊断性检查及结果,以及已采用的治疗或护理措施及效果等。

（二）常用护理诊断

1. 急性意识障碍 与脑出血、肝性脑病等有关。

2. 清理呼吸道无效 与意识障碍所致咳嗽、吞咽反射减弱或消失有关。

3. 口腔黏膜受损 与意识障碍丧失自理能力及唾液分泌减少有关。

4. 排尿障碍 与意识丧失所致排尿功能障碍有关。

5. 排便失禁 与意识丧失所致排便功能障碍有关。

6. 有营养失调的危险/营养失调 低于机体需要量与意识障碍不能正常进食有关。

7. 有受伤的危险 与意识障碍所致躁动不安、自我防护能力下降等有关。

8. 有皮肤完整性受损的危险 与意识障碍所致自主运动消失有关；与意识障碍所致排尿、排便失禁有关。

9. 有误吸的危险 与意识障碍所致咳嗽、吞咽反射减弱或消失有关。

10. 有感染的危险 与意识障碍所致咳嗽、吞咽反射减弱或消失有关；与侵入性导尿装置有关。

11. 有失用综合征的危险 与意识障碍所致长期卧床有关。

12. 照顾者角色紧张 与照顾者角色负荷过重有关。

六、言语障碍

（一）评估要点

1. 言语障碍的特点 病人的职业、文化水平与语言背景，如出生地、生长地及方言等；以往及目前的语言能力；有无伴随定向力、注意力、记忆力及计算力等智能障碍。

2. 病因与诱因 有无与言语障碍有关的疾病史，有无意识障碍、精神障碍等。

3. 言语障碍对病人的影响 有无因言语障碍影响日常活动、工作和社会交往；有无孤独、抑郁、烦躁、自卑等心理情绪变化及家庭支持情况。

4. 诊疗与护理经过 已接受的诊断性检查项目及结果，已采用的治疗或护理措施及其效果。

（二）常用护理诊断

1. 语言沟通障碍 与大脑语言中枢病变或发音器官的神经肌肉受损有关。

2. 焦虑/抑郁 与言语障碍及担心疾病预后有关。

七、感觉障碍

（一）评估要点

1. 感觉障碍的特点 发病情况、起病时间、表现形式、发展的过程、传播的方式、加重或缓解的因素；是否有麻木感、冷热感、潮湿感、重压感、针刺感、震动感或自发疼痛等。

2. 病因与诱因 有无与感觉障碍有关的疾病史、外伤史，有无意识障碍或精神障碍。

3. 感觉障碍对病人的影响 有无因感觉障碍而致受伤，是否影响日常活动、工作、睡眠；有无心理情绪变化及家庭支持情况。

4. 诊疗与护理经过 已接受的诊断性检查项目及结果，已采用的治疗或护理措施及其效果。

（二）常用护理诊断

1. 感知觉紊乱　与脑、脊髓病变及周围神经受损有关。

2. 有受伤的危险　与感知觉紊乱有关。

八、运动障碍

（一）评估要点

1. 运动障碍的特点　起病情况、发病时间、运动障碍的分布、性质、程度及有无其他伴随症状；注意有无抽搐或疼痛，是否继发损伤；既往有无类似发作病史。

2. 病因与诱因　有无与运动障碍有关的疾病史、外伤史等，有无明确的诱因，是否饱餐或酗酒。

3. 运动障碍对病人的影响　有无因运动障碍影响自理能力、日常活动、工作；有无急躁、焦虑、悲观、抑郁等心理情绪变化及家庭支持情况。

4. 诊疗与护理经过　已接受的诊断性检查项目及结果，已采用的治疗或护理措施及其效果。

（二）常用护理诊断

1. 躯体活动障碍　与大脑、小脑、脊髓病变及神经肌肉受损、肢体瘫痪或协调能力异常有关。

2. 有失用/误用综合征的危险　与肢体瘫痪、僵硬、长期卧床、体位不当或异常活动模式有关。

3. 焦虑/抑郁　与运动障碍及担心疾病预后有关。

【案例举例】

某病人，女，60 岁，因“头晕 3 月余、头痛 1 个月，右侧上下肢体麻木、无力 7 小时”入院。请依据此主诉为主线进行深入问诊，获得完整健康史资料。

【问诊程序】

项目	问诊流程及问诊提纲	分值
问诊前准备（10 分）	护士准备：衣帽整洁、仪表规范，修剪指甲、洗手、戴口罩	2 分
	用物准备：首次入院护理评估单、笔	4 分
	病人准备：理解问诊目的，愿意合作，采取舒适体位	2 分
	环境准备：环境安静、整洁，温、湿度适宜，并具有私密性	2 分
问诊过程（80 分）	向病人做自我介绍，核对病人床号、姓名、住院号，协助其采取舒适体位，并做好解释工作，取得病人配合 “您好，我是您的责任护士××，请问您是 1 床××吗？因为您刚入院，我需要收集您的病情资料，以便为您提供更全面的护理，谢谢您的配合。”	3 分
	1. 询问基本资料： “接下来，我需要收集您的基本资料。”内容包括病人的姓名、性别、年龄、职业、民族、籍贯、婚姻状况、文化程度、宗教信仰、家庭住址及联系电话、医疗费用支付方式、入院时间、入院诊断、入院类型、入院方式、资料来源及收集资料的时间等	3 分
	2. 询问主诉、现病史： “请问您是因为什么不舒服入院的？ 从什么时候开始出现头晕的？是持续性还是间歇性的？有没有规律性？一般在什么情况下会出现？每次头晕会持续多长时间？如何缓解？间隔多久发作？头晕和体位活动有关系吗？头晕有跌倒过吗？头晕什么时候开始加重的？和以往相比，有什么变化？ 您是从什么时候开始出现头痛的？一般在什么情况下会出现？头部哪个位置疼痛，请您指一下。	30 分

续表

项目	问诊流程及问诊提纲	分值
问诊过程（80分）	疼起来是什么感觉？如果用0表示不痛，10表示最痛，请您选一个数字表示您的疼痛程度。头痛是持续性还是间歇性的？每次会持续多长时间？如何缓解？头痛与活动、体位、排便等有关系吗？ 您是从什么时候开始出现肢体麻木、无力的？是怎么发现的？哪些部位有麻木、无力的情况？从上肢还是下肢开始？无力肢体有没有抽搐？ 本次发病还有没有其他不舒服？有没有恶心呕吐、感觉异常、失明、吞咽障碍、语言障碍等？ 入院前有没有治疗过？有没有明确诊断是什么疾病？是如何治疗的？平时服用什么药物？每天服药几次？每次剂量多少？效果如何？”	30分
	3. 询问日常生活状况： “平时饮食习惯如何？本次患病以来，食欲怎么样？睡眠有没有影响？大小便是否正常？体力状态如何？体重有没有明显变化？精神状态如何？”	10分
	4. 询问既往史： “以往的健康状况如何？是否患有高血压、糖尿病、心脏病等慢性病？（若有）这些慢性病平时管理控制的如何？ 有没有做过手术？（若有）什么时候做的？做的什么手术？因为什么做手术？ 有没有受过外伤？（若有）什么时候发生的？具体外伤情况？ 有没有对食物或药物过敏的情况？（若有）具体对什么食物或药物过敏？请描述当时的具体情况，有什么过敏反应？当时是如何处理的？”	10分
	5. 询问个人史： “平时有没有吸烟饮酒的嗜好？（若有）吸烟有多长时间了？平时每天吸烟多少支？饮酒有多长时间了？平时每天饮酒多少？主要饮用什么酒？（若已经戒烟戒酒）请问戒烟戒酒多长时间了？戒除前吸烟饮酒的情况？ 是否已绝经？绝经年龄？ 是否已婚？结婚年龄？配偶的健康状况如何？有没有生育过孩子？生育年龄？怀孕过几次？生育有几个孩子？”	10分
	6. 询问家族史： “您父母、子女、兄弟姐妹身体状况如何？（若父母已去世，询问去世的原因及年龄。）家人中有没有出现类似病情的？家族中有没有患有传染病、遗传病等情况的？”	7分
	7. 询问心理社会状况：具体方法见第三章	7分
问诊后处理（5分）	整理、记录：问诊完毕，协助病人取舒适体位，整理床单位。洗手，对收集的资料进行归纳、整理，填写首次入院护理评估单	5分
评价（5分）	问诊过程中语言温和、态度亲切、举止端庄，能够尊重病人，充分体现人文关怀	2分
	问诊规范、熟练，问诊内容全面、无遗漏，能够运用问诊技巧，与病人有效沟通	3分
总分		100分

【小结】

神经系统疾病病人常见症状包括头痛、眩晕、晕厥、抽搐与惊厥、意识障碍、言语障碍、感觉障碍、运动障碍。评估上述症状时，均应从以下四个方面展开：①症状特点；②可能存在的病因与诱因；③症状对病人的影响；④诊疗与护理经过。

【思维导图】

- 神经系统疾病病人常见症状问诊
  - 头痛
    - 评估要点
      - 起病情况、发病时间、规律、部位、性质、程度、持续时间
      - 病因与诱因
      - 对病人日常生活及心理情绪的影响
      - 诊疗与护理经过
    - 常用护理诊断
      - 疼痛
      - 焦虑
  - 眩晕
    - 评估要点
      - 眩晕的表现形式、发作时间、持续时间、频率
      - 病因与诱因
      - 对病人日常生活及心理情绪的影响
      - 诊疗与护理经过
    - 常用护理诊断
      - 舒适度减弱
      - 感知改变
      - 有受伤的危险
      - 恶心
      - 有营养失调的危险：低于机体需要量
      - 焦虑/恐惧
  - 晕厥
    - 评估要点
      - 同第一章第三节“心源性晕厥”
  - 抽搐与惊厥
    - 评估要点
      - 抽搐与惊厥发作频率，严重程度、持续和间隔时间，部位、性质及意识状态
      - 病因与诱因
      - 对病人日常生活及心理情绪的影响
      - 诊疗与护理经过
    - 常用护理诊断
      - 有受伤的危险
      - 排尿障碍/排便失禁
      - 恐惧
      - 有窒息的危险
      - 照顾者角色紧张
      - 个人/家庭应对无效

【思维导图（续）】

神经系统疾病病人常见症状问诊
意识障碍
评估要点
起病情况、病程长短、意识障碍程度及其进展，思维、反应、情感活动、定向力等
病因与诱因
对病人日常生活及心理情绪的影响
诊疗与护理经过
常用护理诊断
急性意识障碍
清理呼吸道无效
口腔黏膜受损
排尿障碍
排便失禁
有营养失调的危险/营养失调：低于机体需要量
有受伤的危险
有皮肤完整性受损的危险
有误吸的危险
有感染的危险
有失用综合征的危险
照顾者角色紧张
言语障碍
评估要点
病人的职业、文化水平与语言背景，以往及目前的语言能力
病因与诱因
对病人日常生活及心理情绪的影响
诊疗与护理经过
常用护理诊断
语言沟通障碍
焦虑/抑郁
感觉障碍
评估要点
发病情况、起病时间、表现形式、发展的过程、传播的方式
病因与诱因
对病人日常生活及心理情绪的影响
诊疗与护理经过
常用护理诊断
感知觉紊乱
有受伤的危险
运动障碍
评估要点
起病情况、发病时间、运动障碍的分布、性质、程度
病因与诱因
对病人日常生活及心理情绪的影响
诊疗与护理经过
常用护理诊断
躯体活动障碍
有失用/误用综合征的危险
焦虑/抑郁

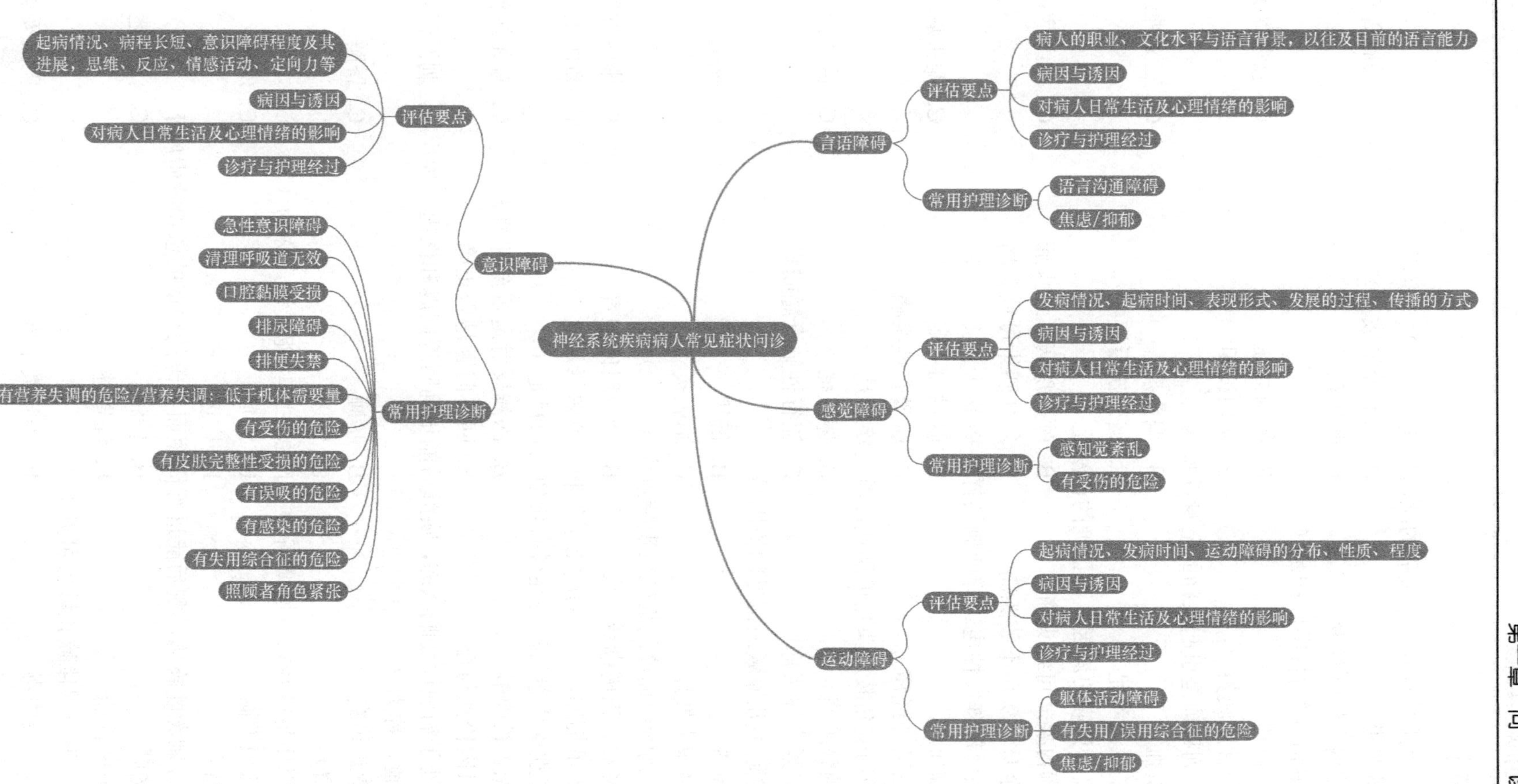

【思考题】

1. 下列哪项不是引起头痛的颅内病变（　　）
A. 脑膜炎　B. 脑血栓形成　C. 颅底骨折
D. 颅内占位性病变　E. 脑震荡
2. 头痛伴喷射性呕吐的是（　　）
A. 胃潴留　B. 颅内高压　C. 急性胃炎
D. 急性腹膜炎　E. 幽门梗阻
3. 下列哪项是引起头痛的全身性疾病（　　）
A. 贫血　B. 偏头痛　C. 三叉神经痛
D. 脑供血不足　E. 脑外伤后遗症
4. 关于头痛的病因，不正确的说法是（　　）
A. 颅内疾病可致头痛　B. 颅外疾病可致头痛　C. 神经症可致头痛
D. 全身性疾病不致头痛　E. 急性感染可致头痛
5. 头面部阵发性电击样或撕裂样疼痛多见于（　　）
A. 高血压　B. 脑供血不足　C. 偏头痛
D. 三叉神经痛　E. 肌紧张性头痛
6. 服用麦角胺后头痛可迅速缓解的疾病是（　　）
A. 颅脑肿瘤　B. 偏头痛　C. 舌咽神经痛
D. 肌紧张性头痛　E. 流行性脑脊髓膜炎
7. 导致小儿惊厥最常见的原因是（　　）
A. 高热　B. 低钙　C. 癔症大发作
D. 癫痫大发作　E. 脑膜炎
8. 低钙所致抽搐的临床表现特点为（　　）
A. 突发意识模糊或丧失　B. 全身肌肉强直　C. 排便排尿失禁
D. 手足搐搦，呈“助产士手”和“芭蕾舞足”　E. 高血压
9. 鉴别深昏迷与浅昏迷最有价值的项目是（　　）
A. 能否被唤醒　B. 深浅反射是否全部消失　C. 有无排便、排尿失禁
D. 肌肉松弛与否　E. 回答问题是否正确
10. 处于病理性睡眠状态，唤醒后能正确回答问题和做出各种反应，刺激停止后又很快入睡，称为（　　）
A. 意识模糊　B. 嗜睡　C. 昏睡
D. 谵妄　E. 昏迷
11. 以中枢神经兴奋性增高为主的急性脑功能失调，称为（　　）
A. 意识模糊　B. 癔症　C. 幻觉
D. 谵妄　E. 昏迷
12. 轻刺激能唤醒，醒后能进行简短而正确的交谈的意识障碍属于（　　）
A. 嗜睡　B. 昏睡　C. 浅昏迷
D. 中度昏迷　E. 深昏迷
13. 意识障碍伴瞳孔散大可见于（　　）
A. 颠茄类中毒　B. 吗啡类中毒　C. 巴比妥类中毒

D. 有机磷农药中毒　　E. 毒蕈中毒

14. 意识障碍伴瞳孔缩小可见于（　　）

A. 颠茄类中毒　　B. 有机磷中毒　　C. 乙醇中毒

D. 氰化物中毒　　E. 癫痫

15. 当病人出现语言障碍时，如何展开评估？

16. 病例分析：某病人，男，68 岁，因“右侧肢体无力伴言语不能 1 天”入院。请依据此主诉为主线进行深入问诊，获得完整健康史资料。

第十节　传染病病人常见症状问诊

【学习目标】

识记　问诊的内容及方法。

传染病病人常见症状及其评估要点。

理解　传染病病人常见症状的病因及发病机制。

运用　能够充分运用问诊的方法、技巧，与病人良好沟通，全面收集健康史资料。

能够提出相关护理诊断及其相关因素。

能够正确书写“首次入院护理评估单”。

【知识回顾】

传染病病人常见症状如下。

一、发热

（一）评估要点

1. 发热的特点　起病缓急、发病时间、季节、地点、发热程度、热程和热型、持续时间、热退情况；有无寒战、大汗、肌肉酸痛、咳嗽、咳痰、腹痛、腹泻、尿痛、尿频、尿急等伴随症状。

2. 病因与诱因　有无与发热相关的疾病如各种病原体所致的感染性疾病，脏器梗死或大手术、结缔组织病、甲状腺功能亢进、脱水、中暑等非感染性疾病；有无传染病接触史；有无受凉、环境温度过高等诱因。

3. 发热对病人的影响　重点为急性发热者有无食欲减退、恶心、呕吐等消化道症状；高热者有无谵语或幻觉等意识障碍，小儿有无惊厥；大量出汗者有无脱水等；长期发热者有无体重减轻等营养失调的表现；精神状态、睡眠、大小便情况；有无心理情绪变化及家庭支持情况。

4. 诊疗与护理经过　已接受过的诊断性检查项目及结果，已采用的治疗或护理措施，包括是否使用抗生素、糖皮质激素、解热药等，药物的名称、剂量、给药途径及疗效，以及有否采用其他降温措施如物理降温及疗效。

（二）常用护理诊断

1. 体温过高　与病原体感染和（或）体温调节中枢功能障碍有关。

2. 体液不足　与体温下降期出汗过多和（或）液体量摄入不足有关。

3. 营养失调　低于机体需要量与长期发热所致机体物质消耗增加和（或）营养物质摄入不足有关。

4. 口腔黏膜受损　与发热所致口腔黏膜干燥有关。

5. 焦虑 与担心疾病预后不良/长期发热不愈有关。

6. 潜在并发症 意识障碍、惊厥。

二、发疹

（一）评估要点

1. 发疹的特点 皮疹出现的时间、顺序、部位、形态、持续时间、进展及消退情况；有无伴随发热、乏力、食欲缺乏、恶心、呕吐等症状。

2. 病因与诱因 有无与发疹相关的疾病，如各种病原体所致的感染性疾病，有无虫咬、搔抓等诱因。

3. 发疹对病人的影响 有无因发疹影响日常生活、工作；有无心理情绪变化及家庭支持情况。

4. 诊疗与护理经过 已接受过的诊断性检查项目及结果，已采用的治疗或护理措施，包括有否使用抗过敏或其他药物，药物的名称、剂量、给药途径及疗效。

（二）常用护理诊断

皮肤完整性受损 与病原体和（或）其代谢产物引起皮肤黏膜损伤、毛细血管炎症有关。

三、毒血症状

（一）评估要点

1. 毒血症状的特点 起病缓急、发病时间、性质、特点、持续时间，有无发热、乏力、精神萎靡、食欲缺乏、恶心、呕吐、头痛，骨骼、肌肉、关节疼痛，谵妄、意识障碍等。

2. 病因与诱因 有无与毒血症状相关的疾病如各种病原体所致的感染性疾病；有无传染病接触史；有无糖尿病，艾滋病、营养不良和其他慢性疾病或使用免疫抑制剂、糖皮质激素引起机体免疫力低下的病史。

3. 毒血症状对病人的影响 有无因毒血症状导致意识障碍、脱水、水电解质酸碱平衡紊乱；病人精神状态、体力、睡眠有无影响；有无心理情绪变化及家庭支持情况。

4. 诊疗与护理经过 已接受过的诊断性检查项目及结果，已采用的治疗或护理措施，包括是否使用抗生素、糖皮质激素等，药物的名称、剂量、给药途径及疗效，有无采取隔离措施及其他对症治疗或护理措施。

（二）常用护理诊断

1. 有传播感染的危险 与病原微生物排出有关。

2. 体温过高 与感染有关。

3. 疼痛 头痛、肌肉酸痛与病原体感染导致毒血症、发热等有关。

4. 营养失调 低于机体需要量与机体消耗增加而营养摄入不足有关。

5. 活动无耐力 与毒性症状有关。

6. 焦虑 与担心疾病预后有关。

7. 舒适的改变 与发热、乏力、疼痛有关。

8. 知识缺乏 与缺乏疾病防治相关知识有关。

【案例举例】

某病人，女，22 岁，因“发热 7 天，皮疹 3 天”入院。请依据此主诉为主线进行深入问诊，获得完整健康史资料。

【问诊程序】

项目	问诊流程及问诊提纲	分值
问诊前准备（10分）	护士准备：衣帽整洁、仪表规范，修剪指甲、洗手、戴口罩	2分
	用物准备：首次入院护理评估单、笔	4分
	病人准备：理解问诊目的，愿意合作，采取舒适体位	2分
	环境准备：环境安静、整洁，温、湿度适宜，并具有私密性	2分
问诊过程（80分）	向病人做自我介绍，核对病人床号、姓名、住院号，协助其采取舒适体位，并做好解释工作，取得病人配合 “您好，我是您的责任护士××，请问您是1床××吗？因为您刚入院，我需要收集您的病情资料，以便为您提供更全面的护理，谢谢您的配合。”	3分
	1. 询问基本资料： “接下来，我需要收集您的基本资料。”内容包括病人的姓名、性别、年龄、职业、民族、籍贯、婚姻状况、文化程度、宗教信仰、家庭住址及联系电话、医疗费用支付方式、入院时间、入院诊断、入院类型、入院方式、资料来源及收集资料的时间等	3分
	2. 询问主诉、现病史： “请问您是因为什么不舒服入院的？ 从什么时候开始发烧的？体温是突然升高的还是逐渐升高的？是持续性的还是间歇性的？每次发烧持续多长时间？如何缓解？测体温了吗？最高多少度？体温波动范围是多少？发烧前有没有受凉、淋雨等情况？ 您是在发烧后多久开始出现皮疹的？开始是在哪里出现的？后来又波及了哪些部位？皮疹直径有多大？什么样子的？什么颜色？有没有伴有瘙痒？ 本次发病还有没有其他不舒服？有没有怕冷、大汗、夜间盗汗、咳嗽、咳痰等症状？ 入院前有没有治疗过？有没有明确诊断是什么疾病？是如何治疗的？平时服用什么药物？每天服药几次？每次剂量多少？效果如何？”	30分
	3. 询问日常生活状况： “平时饮食习惯如何？本次患病以来，食欲怎么样？睡眠有没有影响？大小便是否正常？体力状态如何？体重有没有明显变化？精神状态如何？”	10分
	4. 询问既往史： “以往的健康状况如何？是否患有高血压、糖尿病、心脏病等慢性病？（若有）这些慢性病平时管理控制得如何？ 有没有做过手术？（若有）什么时候做的？做的什么手术？因为什么做手术？ 有没有受过外伤？（若有）什么时候发生的？具体外伤什么情况？ 有没有对食物或药物过敏的情况？（若有）具体对什么食物或药物过敏？请描述当时的具体情况，有什么过敏反应？当时是如何处理的？”	10分
	5. 询问个人史： “平时有没有吸烟饮酒的嗜好？（若有）吸烟有多长时间了？平时每天吸烟多少支？饮酒有多长时间了？平时每天饮酒多少？主要饮用什么酒？（若已经戒烟戒酒）请问戒烟戒酒多长时间了？戒除前吸烟饮酒的情况？ 是否已婚？结婚年龄？配偶的健康状况如何？有没有生育过孩子？生育年龄？怀孕过几次？生育有几个孩子？”	10分

续表

项目	问诊流程及问诊提纲	分值
问诊过程 （80 分）	**6. 询问家族史：** “您父母、子女、兄弟姐妹身体状况如何？（若父母已去世，询问去世的原因及年龄。）家人中有没有出现类似病情的？家族中有没有患有传染病、遗传病等情况的？”	7 分
	7. 询问心理社会状况：具体方法见第三章	7 分
问诊后处理 （5 分）	整理、记录：问诊完毕，协助病人取舒适体位，整理床单位。洗手，对收集的资料进行归纳、整理，填写首次入院护理评估单	5 分
评价 （5 分）	问诊过程中语言温和、态度亲切、举止端庄，能够尊重病人，充分体现人文关怀	2 分
	问诊规范、熟练，问诊内容全面、无遗漏，能够运用问诊技巧，与病人有效沟通	3 分
总分		100 分

【小结】

传染性疾病病人常见症状包括发热、发疹、毒血症状。评估上述症状时，均应从以下四方面展开：①症状特点；②可能存在的病因与诱因；③症状对病人的影响；④诊疗与护理经过。

【思维导图】

传染病病人常见症状问诊
发热
评估要点
起病缓急、发病时间、季节、地点、发热程度、热程和热型、持续时间、热退情况
病因与诱因
对病人日常生活及心理情绪的影响
诊疗与护理经过
常用护理诊断
体温过高
体液不足
营养失调：低于机体需要量
口腔黏膜受损
焦虑
潜在并发症：意识障碍、惊厥
发疹
评估要点
皮疹出现的时间、顺序、部位、形态、持续时间、进展及消退情况
病因与诱因
对病人日常生活及心理情绪的影响
诊疗与护理经过
常用护理诊断
皮肤完整性受损
毒血症状
评估要点
毒血症状的表现形式、起病缓急、发病时间、性质、特点、持续时间
病因与诱因
对病人日常生活及心理情绪的影响
诊疗与护理经过
常用护理诊断
知识缺乏
营养失调：低于机体需要量
焦虑
活动无耐力
体温过高
舒适的改变
有传播感染的危险

【思考题】

1. 发热最常见的原因是（　　）
A. 感染　B. 无菌性坏死物质的吸收　C. 变态反应
D. 内分泌与代谢障碍　E. 颅脑损伤
2. 感染性发热最常见的病原体是（　　）
A. 病毒　B. 肺炎支原体　C. 真菌
D. 细菌　E. 立克次体
3. 属非感染性发热的病因是（　　）
A. 立克次体　B. 变态反应　C. 肺炎衣原体
D. 螺旋体　E. 病毒
4. 正常人体温在 1 天内下午较上午略高，但一般不高于（　　）
A. 0.1℃　B. 1℃　C. 1.5℃
D. 2℃　E. 0.5℃
5. 以口腔温度为例，超高热是指体温在（　　）
A. 37.3～38℃　B. 38.1～39℃　C. 39.1～41℃
D. 41℃以上　E. 以上都不是
6. 中等度发热的口腔温度范围在（　　）
A. 37.3～38℃　B. 38.1～39℃　C. 39.1～41℃
D. 41℃以上　E. 以上都不是
7. 体温在 39℃以上，且一天内波动大，达 2℃，此种热型称（　　）
A. 波状热　B. 不规则热　C. 弛张热
D. 稽留热　E. 回归热
8. 败血症的常见热型是（　　）
A. 稽留热　B. 弛张热　C. 波状热
D. 回归热　E. 间歇热
9. 正常人腋测法体温为（　　）
A. 36.5～37℃　B. 36～37℃　C. 36.3～37.2℃
D. 36.5～37.5℃　E. 36.5～37.7℃
10. 伤寒的常见热型（　　）
A. 弛张热　B. 波状热　C. 稽留热
D. 间歇热　E. 不规则
11. 病例分析：某病人，男，38 岁，因“发热、咽喉痛 2 天，出疹 1 天”入院。请依据此主诉为主线进行深入问诊，获得完整健康史资料。

第二章　体格检查

第一节　一般检查

【学习目标】

识记　一般检查的内容及方法。

理解　一般检查异常体征并解释其临床意义。

运用　能够为病人正确测量生命体征。

能够为病人正确进行浅表淋巴结检查。

能够充分运用沟通技巧，与病人良好沟通，并在检查过程中注重人文关怀。

【案例导入】

某病人，男，45 岁，因“呕吐、腹痛、腹胀 10 余天”入院。病人于 10 余天前酒后出现呕吐，病初伴腹泻，1 天后停止，同时伴腹痛，为上腹部隐痛，每天发作 2～3 次，持续约数分钟，伴腹胀，无发热、咳嗽、咳痰，无乏力、食欲缺乏，无厌油、恶心，无皮肤瘙痒及白陶土样大便，门诊以“乙型病毒性肝炎重度”收入院。

问题：

1. 该病人可能出现什么面容？为什么？
2. 该病人的皮肤可能出现什么异常？为什么？
3. 如何为该病人进行营养状态评估？
4. 如何为该病人进行浅表淋巴结检查？

【操作程序】

项目	操作内容与方法	注意事项	分值
操作前准备（10 分）	检查者准备：衣帽整洁、仪表规范，修剪指甲、洗手、戴口罩		2 分
	用物准备：体温计、血压计、听诊器、压舌板、酒精棉球、手电筒、软尺、体重秤、皮褶厚度计、记录单、笔、快速手消毒剂		4 分
	病人准备：充分暴露被检查部位，根据需要采取合适体位		2 分
	环境准备：环境安静、整洁，光线充足，温、湿度适宜，关门窗或拉屏风		2 分
操作过程（80 分）	携用物至床旁，自我介绍，核对病人床号、姓名、住院号，协助其取仰卧位或坐位，并做好解释工作		3 分
	一、全身状态		
	1. 一般资料：评估病人性别、年龄		3 分
	2. 生命体征		

续表

项目	操作内容与方法	注意事项	分值
操作过程（80分）	（1）体温：将体温计水银柱甩至35℃以下。若测腋温，协助病人擦干腋下汗液，将水银端放至腋窝正中，嘱病人屈肘过胸、夹紧，测量10min；若测口温，将水银端斜放至舌下热窝，嘱病人闭口，用鼻呼吸，测量3min；若测肛温，协助病人取侧卧位或俯卧位，用液状石蜡润滑肛表后，用手分开臀部，自肛门缓慢插入3～4cm，测量3min。正常体温：腋温36.5℃（范围36.0～37.0℃），口温37.0℃（范围36.3～37.2℃），肛温37.5℃（范围36.5～37.7℃）	**1.** 腋下有创伤、炎症、手术、肩关节受伤、极度消瘦者不宜测腋温；婴幼儿、精神异常、昏迷、口腔疾患、口鼻手术、呼吸困难者不宜测口温；直肠或肛门手术、腹泻、心梗者不宜测肛温；选取不同部位测量时，应注意选择相应的体温计。**2.** 避免影响体温测量的各种因素，如运动、进食、沐浴、冷热饮、冷热敷、坐浴或灌肠等，应间隔30min后再测体温	4分
	（2）脉搏：一般常在桡动脉处触诊，协助病人手臂置于舒适位置，腕部伸展，评估者食指、中指、无名指三指并拢，指腹按压在桡动脉近手腕横纹处，压力适中，以能清楚触及脉搏搏动为宜，评估脉搏的频率、节律、强弱。一般测量30s，异常时测量1min。发生脉搏短绌时，需由2名护士同时测量，一人在心尖部听心率，一人测脉率，由听心率者发出“开始”或“停止”的口令，计数1min，记录方式：心率/脉率。正常成人在安静状态下脉率为60～100次/分，节律规则，强弱一致	**1.** 勿用拇指触诊脉搏，因拇指小动脉搏动较强，易与病人的脉搏混淆。**2.** 偏瘫病人应选择健侧肢体测量脉搏，以免患肢血液循环不良影响结果的准确性。**3.** 避免影响脉搏的各种因素，如剧烈运动、进食、情绪激动、用药等，应休息30min后再测	4分
	（3）呼吸：测量脉搏后，保持诊脉姿势继续测量呼吸，用眼睛的余光观察病人胸腹部的起伏，评估呼吸的频率、节律、深度。一般测量30s，异常时测量1min。正常成人在安静状态下呼吸频率为16～20次/分，节律规则，均匀平稳	**1.** 由于呼吸受意识控制，因此测量时应注意不要让病人察觉。**2.** 避免影响呼吸的各种因素，如剧烈运动、情绪激动等，应休息30min后再测	4分
	（4）血压：①常选右上肢肘窝处肱动脉，协助病人取仰卧位或坐位，暴露右上臂，掌心向上，上肢略外展。②打开血压计水银槽开关。③将袖带平整地缠于右上臂，使袖带气囊对准肱动脉，袖带下缘距肘窝2～3cm，松紧以可插入一指为宜，保证血压计零点、肱动脉、心脏在同一水平（坐位时，肱动脉平第四肋；平卧位时，肱动脉平腋中线）。④戴好听诊器，将听诊器胸件置于肘窝肱动脉搏动最明显处，向袖带内充气至肱动脉搏动音消失后汞柱再上升20～30mmHg。⑤再缓慢放气，以汞柱每秒下降4mmHg为宜，当闻及第一声搏动音时为收缩压，汞柱继续下降，搏动音突然减弱或消失时为舒张压。⑥间隔1～2min后再测一次，取两次平均值作为测量结果。⑦右倾45°，使水银全部流回水银槽，关闭水银槽开关，整理好血压计，协助病人整理衣袖。正常成人在安静状态下收缩压90～139mmHg，舒张压为60～89mmHg	**1.** 需密切监测血压时，应做到“四定”：定时间、定体位、定部位、定血压计。**2.** 应选择健侧肢体进行测量。**3.** 测血压前需安静休息至少5min。**4.** 袖带宽窄、松紧应适宜：袖带过窄或过松，测得数值偏高；袖带过宽或过紧，测得数值偏低。**5.** 注意保证血压计零点、肱动脉、心脏在同一水平，若手臂高于心脏水平，测得数值偏低；若手臂位置低于心脏水平，测得数值偏高。**6.** 重复测量应先驱尽袖带内空气，使汞柱降至“0”点，稍等片刻后再测量，避免重复加压	4分
	3. 发育与体型：（1）发育：以年龄、智力和体格成长状态（身高、体重与第二性征）及其相互间的关系进行综合判断。（2）体型：包括无力型（腹上角小于90°）、正力型（腹上角90°左右）、超力型（腹上角大于90°）	成人发育正常的指标包括：头部=身高×（1/8～1/7），胸围=身高×1/2，两上肢展开后左右指端的距离=身高，坐高=下肢长度，身体上部量（头顶至耻骨联合上缘的距离）=身体下部量（身高减去上部量或耻骨联合上缘至足底距离）	4分
	4. 营养状态：（1）根据皮肤、毛发、皮下脂肪和肌肉的情况，结合年龄、身高和体重进行综合判断，可分为良好、中等、不良三个等级；（2）测量体重：于清晨、空腹、排便和排尿后进行；（3）测量皮褶厚度：常测量肱三头肌皮褶厚度，评估者用拇指和食指在肩峰至尺骨鹰嘴连线中点的上方2cm处捏起皮褶，用皮褶厚度计测量，一般测量3次，取平均值	**1.** 理想体重（kg）=身高（cm）−105，体重在理想体重1±10%以内为正常，低于理想体重10%为消瘦，超过理想体重10%～20%及以上为超重，超过理想体重20%以上为肥胖。**2.** 体质指数（BMI）=体重（kg）/身高（m）^{2}，按照我国标准，BMI18.5～24.0为正常，24.0～27.9为超重，≥28为肥胖	4分

续表

项目	操作内容与方法	注意事项	分值
操作过程（80分）	**5. 意识状态**：可分为清晰、嗜睡、意识模糊、谵妄、昏睡、昏迷。可按 Glasgow 昏迷评分量表（Glasgow coma scale, GCS）对意识障碍程度评分	GCS 包括睁眼反应、最佳运动反应和最佳语言反应，GCS 总分 3～15 分，正常为 15 分，总分 8～13 分者为意识障碍，≤7 分者为浅昏迷，≤3 分者为深昏迷	4分
	6. 面容与表情：临床常见异常面容包括急性面容、慢性面容、甲状腺功能亢进面容、黏液水肿面容、二尖瓣面容、肢端肥大面容、满月面容、面具面容、贫血面容、肝病面容、肾病面容、病危面容等		4分
	7. 体位：常见体位包括自动体位、被动体位、强迫体位		4分
	8. 步态：常见异常步态包括蹒跚步态、酒醉步态、共济失调步态、慌张步态、跨阈步态、剪刀步态、间歇性跛行等		4分
	二、皮肤：以视诊为主，配合触诊，评估皮肤颜色、湿度、温度、弹性，有无水肿，有无皮疹、压疮、皮下出血、蜘蛛痣、肝掌等皮肤损害	**1.** 评估皮肤温度时通常以手背触摸皮肤表面。**2.** 检查皮肤弹性时常选择手背或上臂内侧部位。**3.** 检查水肿时，用手指按压后应停留片刻	4分
	三、浅表淋巴结：包括视诊和触诊，以触诊为主。病人取坐位或仰卧位，评估者以食指、中指、无名指三指并拢，紧贴检查部位，由浅入深，取相互垂直的多个方向或转动式滑行触诊，按一定顺序触诊，避免遗漏	**1.** 触诊淋巴结时，应确保评估部位皮肤放松，以利于触诊。**2.** 触及肿大淋巴结时，应注意评估其部位、大小、数目、硬度、有无压痛、活动度、界限是否清楚、局部皮肤有无红肿、瘢痕和瘘管等。同时注意寻找引起淋巴结肿大的原发病灶	6分
	1. 耳前淋巴结：位于耳屏前方，评估者双手或单手进行滑行触诊		2分
	2. 耳后淋巴结：位于耳后乳突表面，评估者双手或单手进行滑行触诊		2分
	3. 枕淋巴结：位于枕骨皮下，评估者双手或单手进行滑行触诊		2分
	4. 颌下淋巴结：位于下颌角与颏部中间的部位。查左侧时，嘱病人头偏向左侧，评估者左手固定病人头部，右手掌面向上，拇指放于左侧下颌骨上，其余三指稍弯曲，探入颌下深部后，然后三指指端紧贴下颌骨内侧面，缓慢向外退出，进行滑行触诊。同样方法检查右侧		2分
	5. 颏下淋巴结：位于颏下三角内，嘱病人头稍低，评估者一手固定病人头部，右手食指、中指、无名指三指稍弯曲，探入颏下三角深部后，缓慢向外退出，进行滑行触诊		2分
	6. 颈前淋巴结：位于胸锁乳突肌表面及下颌角处，嘱病人头偏向检查侧，评估者一手固定病人头部，一手进行滑行触诊		2分
	7. 颈后淋巴结：位于斜方肌前缘，嘱病人头偏向检查侧，评估者一手固定病人头部，一手进行滑行触诊		2分
	8. 锁骨上淋巴结：位于锁骨与胸锁乳突肌形成的夹角处，嘱病人头稍向前倾，三指并拢稍弯曲，由浅入深探入锁骨上窝深处，进行滑行触诊		2分
	9. 腋窝淋巴结：分为腋窝五群，检查左侧时，评估者左手将病人左手臂稍外展抬高，右手指并拢，依次触诊腋窝顶部、前壁、内壁、后壁，将病人手臂下垂，再触诊腋窝外侧壁。同样方法检查右侧		2分

续表

项目	操作内容与方法	注意事项	分值
操作过程（80 分）	**10. 滑车上淋巴结：**位于上臂内侧，内上髁 3～4cm 处。检查左侧时，评估者左手将病人左手臂屈肘内旋抬高，右手小指抵在肱骨内上髁，食指、中指、无名指三指并拢在肱二、三头肌沟中滑行触诊；同样方法检查右侧		2 分
	11. 腹股沟淋巴结：位于腹股沟韧带下方的股三角内，可分为上、下两群。嘱病人仰卧，屈髋、屈膝、暴露两侧腹股沟，评估者沿腹股沟从外上向内下进行滑行触诊		2 分
	12. 腘窝淋巴结：位于小隐静脉与腘静脉的汇合处。嘱病人平卧，评估者一手托起病人小腿，一手以指腹探入腘窝深处，进行滑行触诊		2 分
操作后处理（5 分）	整理、记录：检查完毕，协助病人穿好衣裤、取舒适体位，整理床单位。整理用物，洗手，填写入院评估单和护理记录单		5 分
评价（5 分）	操作中语言温和、态度亲切，与病人有效沟通，充分体现人文关怀		2 分
	操作规范、熟练、动作轻柔，方法正确，检查全面、无遗漏，评估结果准确、可靠		3 分
总分			100 分

【小结】

一般检查包括全身状态评估、皮肤评估和浅表淋巴结评估三部分。

全身状态评估是对病人全身状况的概括性观察，评估方法以视诊为主，配合触诊，评估内容包括性别、年龄、生命体征、发育与体型、营养状态、意识状态、面容与表情、体位、步态等。

皮肤评估以视诊为主，有时需配合触诊，评估内容包括皮肤的颜色、温度、湿度、弹性、有无水肿、有无皮疹、压疮、皮下出血、蜘蛛痣、肝掌等皮肤损害。

浅表淋巴结评估以触诊为主，应按一定顺序进行，避免遗漏，评估顺序为：耳前、耳后、枕部、颌下、颏下、颈前、颈后、锁骨上窝、腋窝、滑车上、腹股沟、腘窝淋巴结。触及肿大淋巴结时，应注意评估其部位、大小、数目、硬度、有无压痛、活动度、界限是否清楚、局部皮肤有无红肿、瘢痕和瘘管等。同时注意寻找引起淋巴结肿大的原发病灶。

【思维导图】

一般检查
全身状态评估
评估方法
以视诊为主，配合触诊
评估内容
性别
年龄
生命体征
体温
脉搏
呼吸
血压
发育与体型
营养状态
意识状态
面容与表情
体位
步态
皮肤评估
评估方法
以视诊为主，配合触诊
评估内容
颜色
温度
湿度
弹性
水肿
皮肤损害
皮疹
压疮
皮下出血
蜘蛛痣
肝掌
浅表淋巴结评估
评估方法
包括视诊和触诊，以触诊为主
评估内容
部位
大小
数目
硬度
有无压痛
活动度
界限是否清楚
局部皮肤由无红肿、瘢痕和瘘管等
评估部位
耳前淋巴结
耳后淋巴结
枕淋巴结
颌下淋巴结
颏下淋巴结
颈前淋巴结
颈后淋巴结
锁骨上淋巴结
腋窝淋巴结
滑车上淋巴结
腹股沟淋巴结
腘窝淋巴结

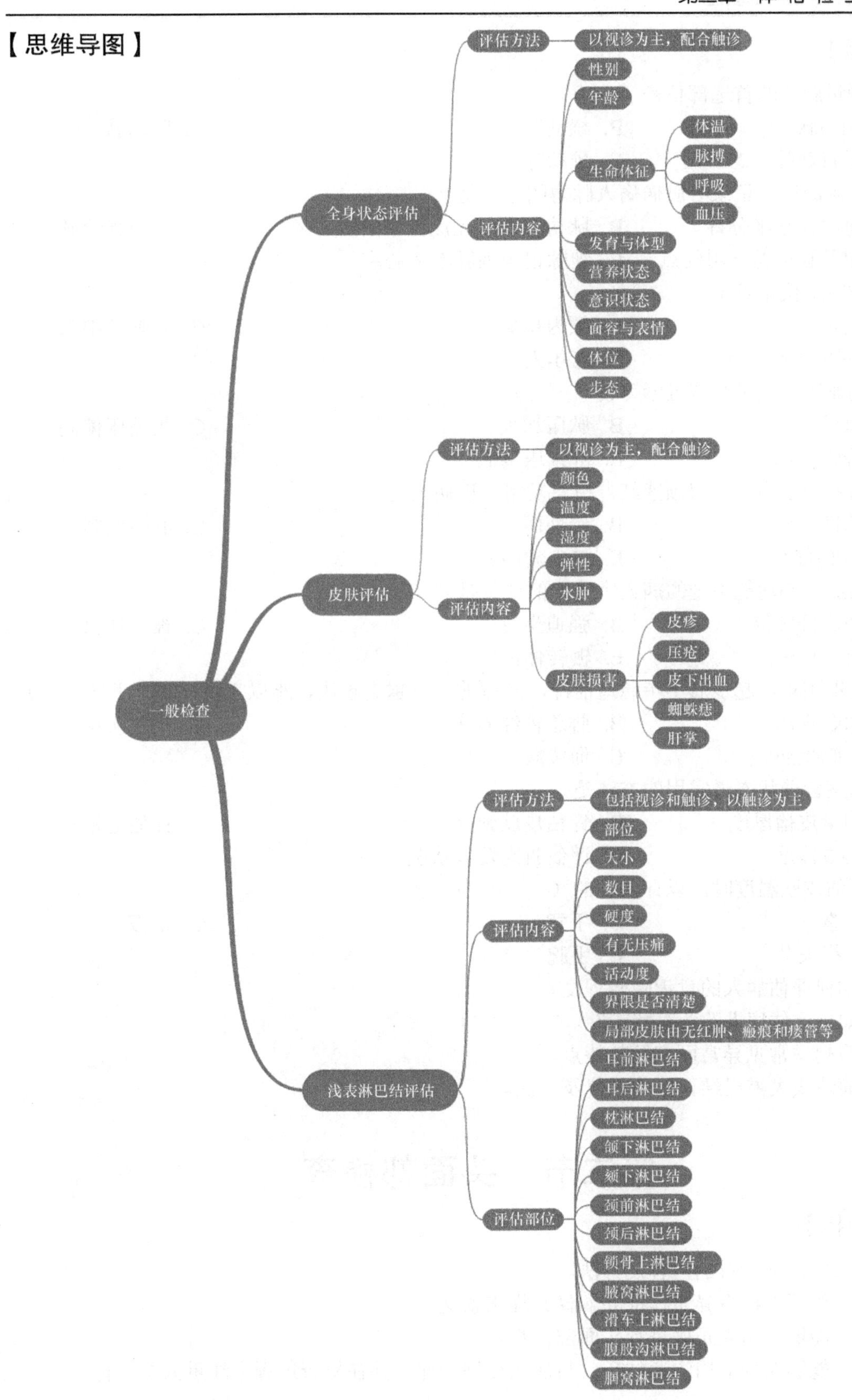

【思考题】

1. 测量脉搏的首选部位是（　　）
A. 颞动脉　　B. 桡动脉　　C. 肱动脉
D. 足背动脉　　E. 颈动脉
2. 正确测量、记录心脏病病人脉搏的方法是（　　）
A. 每次计数半分钟　　B. 脉搏短绌应先测脉率后听心率　　C. 用拇指诊脉
D. 记录脉率符号用红点　　E. 绌脉记录为脉率 / 心率
3. 呼吸增快常见于（　　）
A. 高热　　B. 颅内疾病　　C. 安眠药中毒
D. 呼吸中枢衰竭　　E. 老年人
4. 测血压时袖带缠得过紧可使（　　）
A. 血压偏低　　B. 脉压加大　　C. 收缩压偏高
D. 舒张压偏高　　E. 舒张压偏低
5. 病人面色晦暗，双颊紫红，口唇发绀，该病人为（　　）
A. 急性面容　　B. 慢性面容　　C. 肝病面容
D. 病危面容　　E. 二尖瓣面容
6. 重症左心功能不全的病人常采取的体位是（　　）
A. 强迫仰卧位　　B. 强迫坐位　　C. 被动体位
D. 自动体位　　E. 辗转体位
7. 起步困难，起步后小步急速前冲，身体前倾，越走越快，难以止步，常见于（　　）
A. 帕金森病　　B. 腓总神经麻痹　　C. 小脑疾病
D. 脊髓疾病　　E. 佝偻病
8. 观察营养状态最常用的方法是（　　）
A. 测量皮褶厚度　　B. 评估皮肤弹性　　C. 评估毛发状况
D. 测量体重　　E. 评估肌肉发育状况
9. 评估皮肤温度时，以评估者的（　　）为宜
A. 手掌　　B. 手背　　C. 指腹
D. 掌指关节　　E. 手腕
10. 如何评估病人的意识障碍程度？
11. 如何评估病人的营养状态？
12. 请列举常见异常面容及其特点。
13. 简述浅表淋巴结评估的部位及方法。

第二节　头面部检查

【学习目标】

识记　头面部检查的内容及方法。
理解　头面部检查异常体征并解释其临床意义。
运用　能够为病人正确进行头面部检查。
能够充分运用沟通技巧，与病人良好沟通，并在检查过程中注重人文关怀。

【案例导入】

某病人，男，37 岁，因“鼻塞、流涕半年余”入院。病人既往体健，一年前车祸，鼻梁轻度塌陷。

问题：

1. 为该病人进行体格检查时应重点检查什么？为什么？
2. 头面部检查主要以什么方法为主？

【操作程序】

项目	操作内容与方法	注意事项	分值
操作前准备（10 分）	检查者准备：衣帽整洁、仪表规范，修剪指甲、洗手、戴口罩		2 分
	用物准备：软尺、手电筒、检眼镜、瞳孔测量尺、视力表、色觉表、额镜、音叉、棉签、压舌板、治疗盘、记录单、笔、快速手消毒剂		4 分
	病人准备：素颜，若有耳饰或隐形眼镜嘱病人取下		2 分
	环境准备：环境安静、整洁，光线充足，温、湿度适宜，关门窗或拉屏风		2 分
操作过程（80 分）	携用物至床旁，自我介绍，核对病人床号、姓名、住院号，协助其采取仰卧位或坐位，并做好解释工作		3 分
	一、头发与头皮		
	1. 头发：视诊颜色、疏密度、有无脱发	正常人头发颜色、曲直、疏密因人而异，病理性脱发常见于伤寒、甲状腺功能低下等	2 分
	2. 头皮：拨开头发观察头皮颜色，有无头皮屑、头癣、疖痈、血肿或瘢痕。正常头皮呈白色，有少量头皮屑		2 分
	二、头颅		
	视诊头颅大小、外形、有无运动异常，触诊有无压痛和异常隆起	**1.** 正常成人头围≥53cm **2.** 头颅形态异常包括小颅、方颅、巨颅、尖颅、长颅、变形颅等。头部运动异常包括活动受限、随意运动、不能抬头、与颈动脉搏动一致的点头运动等	2 分
	三、颜面及其器官		
	1. 眼：检查顺序由外向内，先右向左。检查眼外部时，借助自然光或手电筒斜照光进行；检查眼底时借助检眼镜		
	（1）眼睑：分上睑和下睑，视诊有无睑内翻、上睑下垂、眼睑闭合障碍、眼睑水肿、倒睫等	睑内翻常见于沙眼等；睑下垂常见于重症肌无力、蛛网膜下腔出血、脑炎等；眼睑闭合障碍常见于甲状腺功能亢进症、面神经麻痹；眼睑水肿常见于肾炎、营养不良、贫血等；倒睫常见于沙眼、睑缘炎等	3 分
	（2）结膜：检查上睑结膜时，检查者一手固定病人头部，一手用拇指和食指捏住上眼睑中部的边缘，嘱病人双目下视，向前下方牵拉，食指向下压迫睑板上缘，并与拇指配合向上捻转，即可观察到上睑结膜。检查下睑结膜时，嘱病人双目向上看，用拇指指腹向下牵拉下眼睑。翻眼睑时，注意动作轻柔，以免引起病人疼痛。评估结膜时注意有无苍白、黄染、充血、水肿、颗粒与滤泡、出血等	正常结膜为粉红色。结膜充血常见于结膜炎或角膜炎，苍白常见于贫血，发黄常见于黄疸，颗粒与滤泡常见于沙眼，出血常见于高血压和动脉硬化、感染性心内膜炎、急性结膜炎，球结膜水肿常见于重症水肿、颅内压增高等	4 分

续表

项目	操作内容与方法	注意事项	分值
操作过程（80分）	（3）眼球：主要检查外形和运动。正常为双侧眼球对称，无突出或凹陷。眼球运动检查方法：病人取坐位，检查者食指置于病人正前方 30～40cm 处，头部固定，眼球随食指方向按左→左上→左下，右→右上→右下 6 个方向移动。检查时注意眼球运动幅度、灵活性、双眼运动是否同步、有无眼球震颤、斜视、复视等	眼球突出常见于甲亢，眼球下陷常见于严重脱水、慢性消耗性疾病、Horner 综合征，麻痹性斜视常见于颅脑外伤、鼻咽癌等，眼球震颤见于耳源性眩晕、小脑疾患和视力严重低下	4分
	（4）眼压：正常范围 11～21mmHg。检查方法：①触诊法以手指感觉眼球硬度判断。②嘱病人睁眼向下看，检查者食指置于病人上睑眉弓和睑板上缘之间，轻压眼球，判断软硬度	眼压升高常见于青光眼等，眼压降低伴双侧眼球内陷常见于眼球萎缩或脱水	2分
	（5）角膜：视诊角膜的透明度，注意是否光滑、湿润，有无新生血管、云翳、白斑、溃疡、软化等	角膜周围血管增生见于严重沙眼；角膜软化见于婴幼儿维生素 A 缺乏；角膜边缘及周围出现灰白色混浊环见于老年人；角膜边缘出现黄色或棕褐色的色素环见于肝豆状核变性	2分
	（6）巩膜：嘱病人双目向上看，用拇指指腹向下牵拉下眼睑。观察巩膜是否黄染	巩膜正常为不透明瓷白色。黄疸时可黄染，血液中黄色色素增多也可见黄染	2分
	（7）虹膜：视诊虹膜纹理近瞳孔部分是否呈放射状排列，周边是否呈环形排列。有无纹理模糊、消失、形态异常	纹理模糊或消失见于虹膜炎症、水肿或萎缩；形态异常或有裂孔见于虹膜后粘连、外伤、先天性虹膜缺损等	2分
	（8）瞳孔：为虹膜中央的孔洞。视诊双侧瞳孔是否等大等圆，对光反射、集合反射是否正常		
	1）形状及大小：检查者位于病人正前方，用一手拇指、食指分开上下眼睑，在自然光线下观察瞳孔形状，另一手持瞳孔测量尺测量瞳孔直径	在自然光线下，双侧瞳孔等大等圆，直径 2～5mm。瞳孔形状改变常见于青光眼或眼内肿瘤，缩小常见于虹膜炎症、有机磷农药中毒等，扩大常见于外伤、颈交感神经受刺激、阿托品等药物副反应，双侧大小不等常见于脑外伤、脑肿瘤、脑疝等，双侧大小不等且变化不定常见于中脑功能损害	3分
	2）瞳孔对光反射 ①直接对光反射：嘱病人双眼注视正前方，用手电筒光源直接照射一侧瞳孔，观察该侧瞳孔是否立即缩小，移开光源后是否迅速复原 ②间接对光反射：嘱病人双眼注视正前方，检查者用手隔开双眼，用手电筒光源直接照射一侧瞳孔，观察另一侧瞳孔是否立即缩小，移开光源后是否迅速复原	对光反射迟钝或消失常见于昏迷病人，两侧散大并伴有对光反射消失常见于濒死状态	4分
	3）集合反射：检查者将食指置于病人眼前 1m 外，嘱其注视食指，然后将食指逐渐移向病人眼球，至距离眼球前 5～10cm 处，正常人可见双眼内聚，瞳孔缩小。	集合反射消失见于动眼神经损害、睫状肌、双眼内直肌麻痹	4分
	（9）视功能检查：包括视力、色觉、视野等。①视力：包括远视力和近视力检查。②色觉：适宜光线下，病人在 50cm 处读出色盲表上的数字或图像。③视野：与病人相对而坐约 1m 距离，检查右眼时，遮住病人左眼，同时遮住检查者右眼，在检查者与病人中间，检查者将手指分别自上、下、左、右等不同方向从外周逐渐向眼的中央移动，嘱病人发现手指时立即示意		3分
	2. 耳：是听觉和平衡器官		
	（1）耳廓：检查外形、大小、位置和对称性，有无畸形、瘢痕、红肿等	痛风者耳廓上可触及痛性小结，耳廓红肿发热疼痛见于感染，牵拉或触诊耳廓时引起疼痛多提示炎症	2分

续表

项目	操作内容与方法	注意事项	分值
操作过程（80分）	（2）外耳道：观察皮肤是否正常，有无分泌物、流血、溢脓等	局部红肿伴牵拉疼痛常见于疖肿，黄色液体伴痒感常见于外耳道炎，脓液伴全身中毒症状常见于急性化脓性中耳炎	2分
	（3）中耳：评估时先将耳廓向后上方牵拉，使外耳道变直，然后插入耳镜进行观察。注意有无鼓膜穿孔、内陷、外凸、颜色改变等	正常鼓膜平坦，颜色灰白，呈圆形	2分
	（4）乳突：内腔与中耳相连	正常表面无红肿，无压痛	2分
	（5）听力：一般采用粗测法。安静室内，嘱病人闭目，堵塞一侧耳廓及外耳道，检查者用拇指与食指相互摩擦，自1m外逐渐移近病人耳道，直到听到声音为止，测量距离。同法检测另外一侧	听力减退常见于外耳道有耵聍或异物、听神经损害、局部或全身血管硬化等	4分
	3. 鼻：以视诊和触诊为主		
	（1）鼻外形与颜色：观察鼻部有无畸形、颜色有无异常、有无鼻翼扇动。鼻翼扇动为吸气时鼻孔开大，呼气时鼻孔回缩，为呼吸困难的表现	蛙状鼻常见于鼻息肉；马鞍鼻常见于鼻骨骨折、先天梅毒或麻风病；出现红斑，高出皮面常见于系统性红斑狼疮；酒渣鼻鼻尖鼻翼发红，伴毛细血管扩张和组织肥厚	2分
	（2）鼻腔：检查者左手向上推鼻尖，右手持手电筒照射左右鼻腔。观察鼻黏膜、鼻部分泌物情况，有无鼻出血、鼻息肉、鼻中隔偏曲等	正常鼻黏膜湿润呈粉红色，无充血、膨胀或萎缩，鼻腔无异常分泌物。鼻黏膜充血肿胀，伴有鼻塞、流涕常见于急、慢性鼻炎；鼻部分泌物清稀无色常见于流行性感冒	2分
	（3）鼻窦：共4对，包括上颌窦、额窦、筛窦、蝶窦（不易在体表检查）。 检查有无压痛，注意两侧对比，检查方法如下：		
	①上颌窦：检查者双手固定在耳后、双拇指分别置于左右颧骨下缘向后、向上按压		2分
	②额窦：检查者双手固定在病人两侧颞部、两拇指分别置于左右眼眶上缘内侧，用力向后、向上按压		2分
	③筛窦：检查者双手固定在耳后、拇指分别置于鼻根部与眼内眦之间向后压		2分
	4. 口：包括口唇、黏膜、牙齿和牙龈、舌、咽、扁桃体和腮腺等		
	（1）口：观察口唇颜色，有无干燥皲裂、疱疹、口角糜烂或口角歪斜	正常口唇红润光泽	2分
	（2）口腔黏膜：在充分自然光线下或手电筒照射下进行。观察有无色素沉着、出血点或瘀斑；有无黏膜肿胀、有无充血、黏膜上有无白色或灰白色凝乳块状物、有无黏膜溃疡	正常口腔黏膜光洁，呈粉红色	2分
	（3）牙齿：观察牙齿的颜色、数目，有无龋齿、残根、缺齿、义齿等	正常牙齿白色，排列整齐，无龋齿、残根或缺牙	2分
	（4）牙龈：观察牙龈形态、颜色及质地，注意有无肿胀、增生或萎缩、溢脓及出血等	正常牙齿呈粉红色，质坚韧且与牙颈部紧密结合，压迫后无出血及溢脓	2分
	（5）舌：检查时，嘱病人伸舌，舌尖翘起，并左右侧移，以观察舌质、舌苔及舌的运动状态	正常舌质淡红，表面湿润，覆有薄白苔，伸出居中，活动自如无颤动。干燥舌常见于鼻部疾患、大量吸烟等；草莓舌舌乳头肿胀、发红似草莓，常见于猩红热及长期发热病人；牛肉舌舌面绛红似牛肉状，常见于糙皮病；裂纹舌常见于Down病与核黄素缺乏、梅毒性舌炎；镜面舌舌头萎缩，舌体较小，舌面光滑，常见于缺铁性贫血、重度营养不良等	2分

续表

项目	操作内容与方法	注意事项	分值
操作过程（80分）	（6）咽及扁桃体：检查时，嘱病人取坐位，头稍后仰，张大口发“啊”音，检查者手持压舌板于舌前2/3与后1/3交界处迅速下压，在照明配合下即可见软腭、腭垂、咽腭弓、扁桃体和咽后壁。观察咽部颜色、对称性，有无充血、肿胀及扁桃体大小	1. 咽分为鼻咽、口咽和喉咽，正常人咽部无充血、红肿及黏液分泌物增多，扁桃体不大 2. 扁桃体肿大分3度：扁桃体肿大，不超过咽腭弓者为Ⅰ度；超过咽腭弓者为Ⅱ度；达到或超过咽后壁中线者为Ⅲ度	4分
	（7）腮腺：位于耳屏、下颌角、颧弓所构成的三角区内，检查有无肿大、压痛、腮腺导管口有无红肿及分泌物	腮腺肿大见于急性流行性腮腺炎、急性化脓性腮腺炎、腮腺肿瘤	2分
操作后处理（5分）	整理、记录：检查完毕，协助病人穿好衣服、取舒适体位，整理床单位。整理用物，洗手，填写入院评估单和护理记录单		5分
评价（5分）	操作中语言温和、态度亲切，与病人有效沟通，充分体现人文关怀		2分
	操作规范、熟练、动作轻柔，方法正确，检查全面、无遗漏，评估结果准确、可靠		3分
总分			100分

【小结】

头部检查包括头发与头皮、头颅以及颜面部及其器官三部分。检查者应区分各项检查的正常及异常体征，并能够解释异常体征的临床意义，以及相关护理诊断。

头部检查内容较精细，检查者检查时应有充分光源，熟练掌握检查手法，并在检查时动作轻柔，以防止造成黏膜出血等。

头部检查的顺序为：头发与头皮，头颅及颜面部。头颅的检查常见于儿童生长发育期，颜面部检查时内容较多，其中对于瞳孔的检查是检查者观察急危重症病人病情变化的重要项目，口腔检查为临床护理工作的重要内容。

【思维导图】

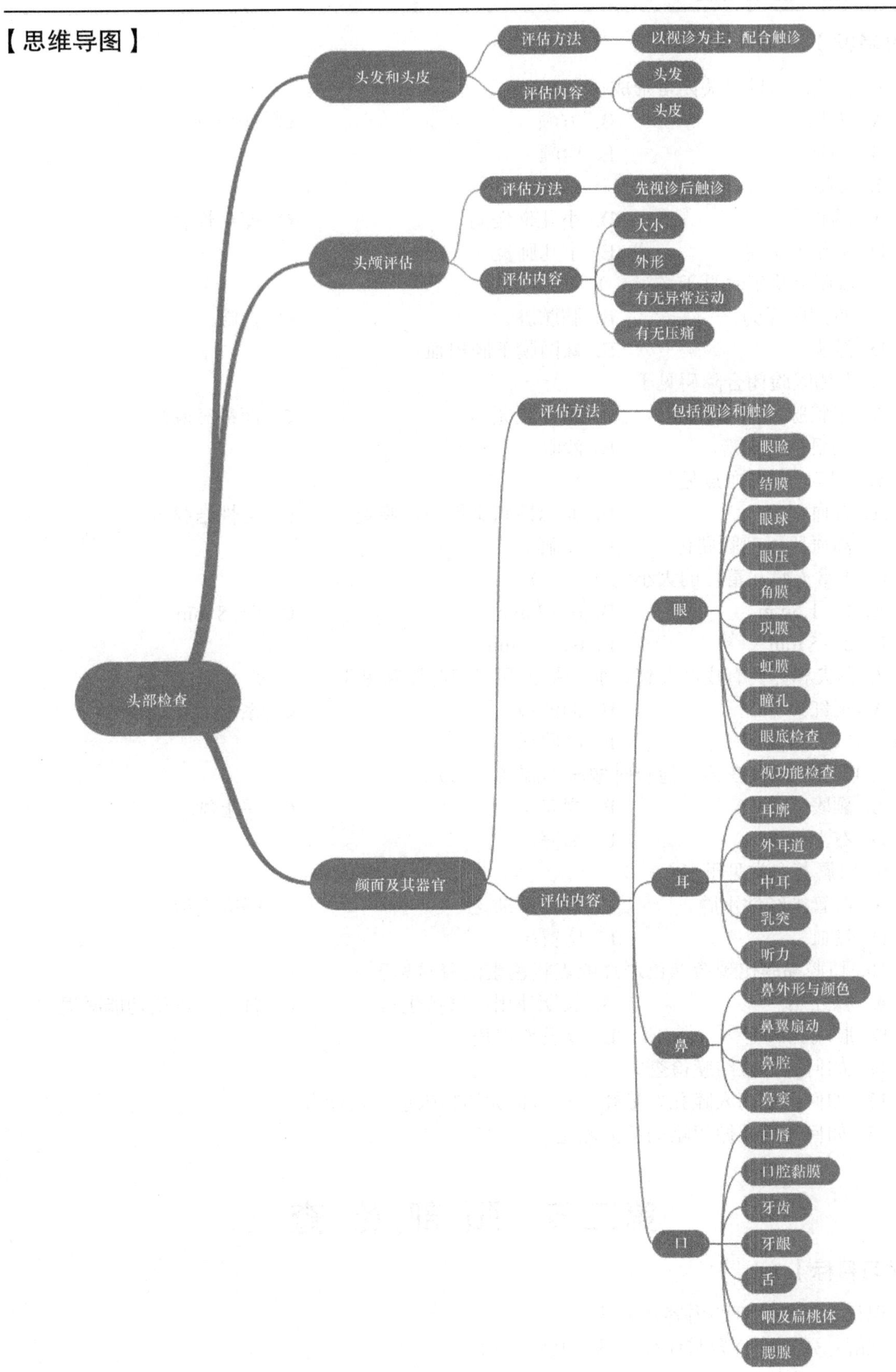

头部检查
头发和头皮
评估方法
以视诊为主，配合触诊
评估内容
头发
头皮
头颅评估
评估方法
先视诊后触诊
评估内容
大小
外形
有无异常运动
有无压痛
颜面及其器官
评估方法
包括视诊和触诊
评估内容
眼
眼睑
结膜
眼球
眼压
角膜
巩膜
虹膜
瞳孔
眼底检查
视功能检查
耳
耳廓
外耳道
中耳
乳突
听力
鼻
鼻外形与颜色
鼻翼扇动
鼻腔
鼻窦
口
口唇
口腔黏膜
牙齿
牙龈
舌
咽及扁桃体
腮腺

【思考题】

1. 小儿囟门过早关闭可形成（　　）

A. 尖颅　　B. 方颅　　C. 变形颅

D. 小颅　　E. 巨颅

2. 方颅见于（　　）

A. 脑积水　　B. 小儿佝偻病　　C. 变形性骨炎

D. 肢端肥大症　　E. 小儿肺炎

3. 双侧上睑下垂见于（　　）

A. 重症肌无力　　B. 脑脓肿　　C. 白喉

D. 脑炎　　E. 蛛网膜下腔出血

4. 双侧眼睑闭合障碍见于（　　）

A. 甲状腺功能亢进症　　B. 重症肌无力　　C. 面神经麻痹

D. 动眼神经麻痹　　E. 沙眼

5. 结膜出现出血点见于（　　）

A. 贫血　　B. 亚急性感染性心内膜炎　　C. 急性结膜炎

D. 高血压、动脉硬化　　E. 沙眼

6. 正常人瞳孔直径的大小为（　　）

A. 1～1.5mm　　B. 6～7 mm　　C. 6～8 mm

D. 2～5 mm　　E. 0.5～1 mm

7. 鼻尖和鼻翼有皮肤发红，血管扩张和组织肥厚常见于（　　）

A. 猩红热　　B. 酒渣鼻　　C. 系统性红斑狼疮

D. 二尖瓣面容　　E. 库欣病

8. 哪一组鼻窦在体表检查时按压不到（　　）

A. 额窦　　B. 蝶窦　　C. 左上颌窦

D. 右上颌窦　　E. 筛窦

9. 口唇苍白常见于（　　）

A. 血管神经性水肿　　B. 核黄素缺乏　　C. 呼吸衰竭

D. 贫血　　E. 感冒

10. 口腔黏膜出现蓝黑色斑片或点状色素沉着常见于（　　）

A. 猩红热　　B. 长期使用广谱抗生素　　C. 肾上腺皮质功能减退

D. 肢端肥大症　　E. 复发性口疮

11. 如何进行睑结膜检查？

12. 如何评估病人瞳孔？瞳孔缩小与扩大的临床意义是什么？

13. 如何为病人做粗略的听力测定？

第三节　颈 部 检 查

【学习目标】

识记　颈部检查的内容及方法。

理解　颈部检查异常体征并解释其临床意义。

运用 能够为病人正确进行颈部检查。

能够充分运用沟通技巧，与病人良好沟通，并在检查过程中注重人文关怀。

【案例导入】

某病人，男，22 岁，某校大二学生，因今晨起洗漱时无意间触摸到颈部有肿块来我院就诊，自觉近一个月来食欲旺盛，易流汗，经检查门诊以"甲状腺功能亢进"收入我院。

问题：

1. 该病人可能出现什么系统问题？为什么？
2. 对该病人进行健康史采集时应该重点关注哪些内容？
3. 如何为该病人进行体格检查？

【操作程序】

项目	操作内容与方法	注意事项	分值
操作前准备（10 分）	检查者准备：衣帽整洁、仪表规范，修剪指甲、洗手、戴口罩		2 分
	用物准备：听诊器、记录单、笔、快速手消毒剂		4 分
	病人准备：充分暴露被检查部位，根据需要采取合适体位		2 分
	环境准备：环境安静、整洁、温暖，光线充足，关门窗或拉屏风		2 分
操作过程（80 分）	携用物至床旁，自我介绍，核对病人床号、姓名、住院号，协助其采取坐位或站立位，必要时取卧位，并做好解释工作		3 分
	一、颈部外形及运动		
	检查时，病人取坐位，充分暴露颈部、肩部，观察两侧是否对称；嘱病人屈曲、后伸、旋转、侧弯颈部，注意静态与动态的改变	正常人颈部直立，两边对称，伸曲、扭转自如。头不能抬起见于重症肌无力、脊髓前角细胞炎等；斜颈见于肌外伤、瘢痕收缩等；运动受限伴疼痛见于软组织炎症、颈肌扭伤、肥大性脊椎炎等；颈项强直见于各种脑膜炎、蛛网膜下腔出血	10 分
	二、颈部血管		
	1. 颈静脉：观察充盈水平及有无颈静脉搏动。正常人去枕平卧可稍见充盈，不超过锁骨上缘至下颌角距离的 2/3	若取半卧位时颈静脉充盈度超过正常水平，称为颈静脉怒张。颈静脉怒张提示静脉压增高，见于右心衰竭、缩窄性心包炎等	5 分
	2. 颈动脉：正常人静息状态下看不到颈动脉搏动，剧烈活动后可见。注意与颈静脉搏动鉴别	静息状态下颈动脉搏动明显，见于主动脉瓣关闭不全、高血压、甲状腺功能亢进及严重贫血	5 分
	三、甲状腺：评估甲状腺表面是否光滑、柔软，甲状腺一般不易触及，按照视诊、触诊、听诊的顺序进行		
	1. 视诊：病人取坐位，头后仰，嘱其做吞咽动作，检查者从侧面及正面观察甲状腺的大小及对称性。正常情况下甲状腺外观不明显	视诊时，若能看到甲状腺轮廓即可认为甲状腺肿大。女性青春发育期可生理性增大	7 分
	2. 触诊：触诊大小、硬度、对称性、光滑度，有无结节及震颤等		

续表

项目	操作内容与方法	注意事项	分值
操作过程（80分）	（1）甲状腺峡部：用拇指从胸骨上切迹向上触摸甲状腺峡部，嘱病人做吞咽动作，判断有无增厚、肿大	正常甲状腺大小因人而异，柔软，对称，表面光滑。甲状腺肿大分三度：视诊无肿大但能触及者为Ⅰ度；视诊可见肿大又能触及，但在胸锁乳突肌以内者为Ⅱ度；超过胸锁乳突肌外缘者为Ⅲ度	10分
	（2）甲状腺侧叶：①前面触诊。病人取坐位或仰卧位，检查者一拇指施压于同侧甲状软骨，将气管推向对侧；另一手食指、中指在对侧胸锁乳突肌后缘向前推，拇指在其前缘滑行触诊，嘱病人配合做吞咽动作，以便于检查。用同样方法检查另一侧甲状腺侧叶。②后面触诊。病人取坐位，检查者站于病人背后，一手食指、中指施压于一侧甲状软骨，将气管推向对侧，另一手拇指在对侧胸锁乳突肌后缘向前推，食指、中指在其前缘滑行触诊。嘱病人配合做吞咽动作，以便于检查。用同样方法检查另一侧甲状腺侧叶		15分
	（3）听诊：触及甲状腺肿大后，用听诊器直接置于肿大的甲状腺进行听诊	正常无杂音，甲状腺功能亢进者可闻及连续的“嗡鸣”音	10分
	四、气管：检查时病人取坐位或仰卧位，颈部自然直立。检查者将右手食指和无名指分别置于两侧胸锁关节上，然后将中指置于气管之上，观察中指与食指、无名指距离是否相等，以此来判断气管有无偏移	正常情况下，气管居于颈前正中位置。大量胸腔积液、积气、单侧甲状腺肿大等可将气管推向健侧；肺不张、肺纤维化、胸膜粘连可将气管拉向患侧	15分
操作后处理（5分）	整理、记录：检查完毕，协助病人穿好衣裤、取舒适体位，整理床单位。整理用物，洗手，填写入院评估单和护理记录单		5分
评价（5分）	操作中语言温和、态度亲切，与病人有效沟通，充分体现人文关怀		2分
	操作规范、熟练、动作轻柔，方法正确，检查全面、无遗漏，评估结果准确、可靠		3分
总分			100分

【小结】

颈部检查包括颈部的外形及运动、颈部血管、甲状腺、气管的检查四个部分。颈部检查时病人可取坐位，半坐位时，病人头前倾或后仰时检查者注意保护病人安全。正常人颈部前屈35°～45°，后伸35°～45°，旋转运动颈部正常旋转范围60°～80°，侧弯运动正常侧弯可达45°。血管检查的重点为检查颈静脉的充盈情况。甲状腺检查时按照视、触、听的顺序进行，检查时动作力度适中，避免过度挤压。气管检查时注意有无气管移位。

【思维导图】

【思考题】

1. 下列哪种疾病可引起颈静脉怒张（　　）

A. 严重贫血　　B. 缩窄性心包炎　　C. 二尖瓣关闭不全

D. 主动脉瓣关闭不全　　E. 三尖瓣关闭不全

2. 肝颈静脉回流征阳性可见于（　　）

A. 肝硬化　　B. 右心衰竭　　C. 高血压心脏病

D. 二尖瓣狭窄　　E. 二尖瓣关闭不全

3. 肿大的甲状腺与颈前其他包块的鉴别，下列最重要的是（　　）

A. 甲状腺表面光滑　　B. 甲状腺位于甲状软骨下方

C. 甲状腺可随吞咽动作向上移动　　D. 甲状腺多呈弥漫性、对称性肿大

E. 甲状腺肿大的程度多在胸锁乳突肌以内

4. 关于颈静脉的检查，下列哪项是错误的（　　）

A. 颈静脉怒张亦可见于左心衰竭
B. 正常人立位或坐位时颈外静脉常不显露
C. 颈静脉怒张亦可见于上腔静脉阻塞综合征
D. 若取 30°～45°的半卧位时，颈静脉充盈度超过正常水平，称为颈静脉怒张
E. 正常人平卧时稍见充盈，充盈的水平仅限于锁骨上缘至下颌角距离的下 2/3 以内
5. 简述甲状腺肿大的分度标准。
6. 简述甲状腺的触诊注意事项。
7. 简述甲状腺肿大的临床意义。
8. 简述气管移位的检查方法及其临床意义。

第四节　胸廓与肺脏检查

【学习目标】

识记　胸廓与肺脏检查的内容及方法。
理解　胸廓与肺脏检查异常体征并解释其临床意义。
运用　能够为病人正确进行胸廓与肺脏检查；
能够充分运用沟通技巧，与病人良好沟通，并在检查过程中注重人文关怀。

【案例导入】

某病人，男，70 岁，因“咳嗽、咳痰 10 年，加重伴咯血、胸痛 3 年”入院。病人于 10 年前开始反复出现咳嗽，有少量黏液痰，近 3 年咳嗽加重，痰量增多，伴少量咯血、胸痛、午后低热、乏力、盗汗、食欲减退、体重减轻。门诊以“继发性肺结核”收入院。

问题：
1. 该病人体格检查的重点有哪些？为什么？
2. 对该病人进行肺部检查可能发现哪些异常体征？为什么？

【操作程序】

项目	操作内容与方法	注意事项	分值
操作前准备（10 分）	检查者准备：衣帽整洁、仪表规范，修剪指甲、洗手、戴口罩		2 分
	用物准备：听诊器、记录单、笔、快速手消毒剂		2 分
	病人准备：充分暴露被检查部位，根据需要采取合适体位	胸廓与肺脏检查需充分暴露病人胸部，注意给病人保暖	3 分
	环境准备：环境安静、整洁，光线充足，温、湿度适宜，关门窗或拉屏风	注意保护病人的隐私	3 分
操作过程（80 分）	携用物至床旁，自我介绍，核对病人床号、姓名、住院号，协助其采取仰卧位或坐位，并做好解释工作		3 分
	一、视诊		
	1. 胸廓外形：观察胸廓外形是否正常，前后径与左右径之比是否正常，有无扁平胸、桶状胸、佝偻病胸、漏斗胸；左右胸廓是否对称，有无一侧或局部隆起或凹陷	正常成人胸廓两侧大致对称，呈椭圆形前后径与左右径之比为 1∶1.5，老年人和小儿前后径略小于左右径或大致相等，呈圆柱形	4 分

续表

项目	操作内容与方法	注意事项	分值
操作过程（80分）	**2. 胸壁：**观察胸壁的营养状态、骨骼发育情况和皮肤；检查胸壁有无静脉曲张、肋间隙有无凹陷或膨隆	正常胸壁无明显静脉可见，当上腔或下腔静脉受阻建立侧支循环时，可见胸壁静脉充盈或曲张，如病人有静脉曲张，应进一步通过检查血流方向明确受阻血流部位	4分
	3. 呼吸运动：观察呼吸类型、频率、节律、深度等，双侧呼吸运动是否对称	成年男性和儿童以腹式呼吸为主，成年女性以胸式呼吸为主。正常成人静息状态下呼吸为16～20次/分，呼吸与脉搏之比为1∶4。新生儿呼吸频率约44次/分，随着年龄增长逐渐减慢，某些疾病可导致呼吸频率和深度的改变	4分
	二、触诊		
	1. 胸廓扩张度：即呼吸时胸廓的动度，观察病人在平静呼吸及深呼吸时两侧胸廓动度是否对称。检查前胸廓扩张度时，检查者两手置于胸廓前下部的对称部位，左右拇指分别沿两侧肋缘指向剑突，并与前正中线的距离相等，手掌和伸展的手指置于前侧的胸壁。检查后胸扩张度时，嘱病人取坐位或站立位，检查者手平置于病人背部，约第10肋骨水平，拇指与中线平行，并将两侧皮肤向中间轻推。嘱病人做深呼吸运动，观察和比较两手的动度是否一致	**1.** 因胸廓前下部呼吸时动度比较大，常在此处进行检查。 **2.** 正常人平静呼吸或深呼吸时，两侧拇指随着胸廓活动而对称性离合。一侧胸廓扩张度降低见于大量胸腔积液、气胸、胸膜增厚、肺不张等。双侧胸廓扩张度受限见于双侧胸膜增厚、肺气肿；双侧胸廓扩张度增强见于发热、代谢性酸中毒及腹部病变等	5分
	2. 胸壁触诊：触诊有无胸壁压痛和皮下气肿。正常人胸壁无压痛和皮下气肿	触诊皮下气肿时，能感觉到气体在皮下组织移动，出现捻发感或握雪感，常见于自发性气胸、纵隔气肿、胸部外伤、肋骨骨折等	4分
	3. 语音震颤：检查者以两手掌或两手掌的尺侧缘轻置于病人胸壁对称位置，嘱病人用同等强度重复发"yi"长音，然后双手交叉重复一次，自上而下，先前胸后背部。正常人双侧触觉语颤基本一致，边触诊边比较两侧相应部位语音震颤的异同，注意有无单侧、双侧或局部语音震颤的增强、减弱或消失	语音震颤检查对判断受检部位肺组织密度及胸腔病变有重要价值，常见异常改变：语音震颤增强，见于肺组织实变；语音震颤减弱或消失见于肺泡内含气量过多	5分
	4. 胸膜摩擦感：检查者两手平置于病人的胸壁上，嘱病人做深呼吸运动，若两手有两层皮革相互摩擦的感觉即为胸膜摩擦感，于胸廓的下前侧部或腋中线第5、6肋间最易触及	正常无，常见于胸膜炎症、胸膜原发或继发肿瘤、胸膜高度干燥、肺部病变累及胸膜时	5分
	三、叩诊		
	1. 叩诊方法：叩诊时，病人取仰卧位或坐位，按前胸、侧胸和背部的顺序进行叩诊，自上而下，由外向内，并注意对称部位的比较	正常的肺部叩诊音为清音。异常叩诊音浊音或实音见于肺含气量减少的病变、肺内不含气的占位性病变、胸腔积液及胸膜病变等；过清音：见于肺张力减弱而含气量增多的病变；鼓音见于肺内空腔性病变	3分
	（1）间接叩诊法：以左手中指第二指节为叩诊板，紧贴于肋间隙，右手中指以垂直的方向叩击指板，自上而下、由内向外，逐一肋间隙进行叩诊	注意叩诊时使用手腕的力量	3分
	（2）直接叩诊法：将手指并拢，以手指掌面对胸壁进行直接拍击。主要用于判断大量胸腔积液或气体大致含量，以及病变所在部位	注意避开心前区，以免引起心律失常。	3分
	2. 肺界叩诊		
	（1）肺上界：即为肺尖的宽度，自斜方肌前缘中央部分别逐渐向外侧和内侧叩诊，由清音转为浊音分别为肺上界外侧终点内侧终点，两点之间的距离为肺尖的宽度，为4～6cm，又称Kronig峡		4分
	（2）肺前界：相当于心脏的绝对浊音界。左肺前界约在胸骨旁线4～6肋间隙，右肺前界相当于胸骨线的位置		4分

续表

项目	操作内容与方法	注意事项	分值
操作过程（80 分）	（3）肺下界：正常人两侧肺下界基本相等，平静呼吸时分别位于锁骨中线第 6 肋间隙、腋中线第 8 肋间隙、肩胛线第 10 肋间隙。叩诊方法：嘱病人平静呼吸，分别从锁骨中线第 2 肋间隙、腋窝顶部、肩胛线上第 8 肋间隙的清音区开始向下叩诊，当叩诊音由清音转为浊音时即为肺下界	**1.** 因为心脏在左锁骨中线上，因此一般不在左锁骨中线叩诊左肺下界 **2.** 沿锁骨中线和腋中线叩诊时病人可取坐位或平卧位，沿肩胛线叩诊时取坐位	5 分
	（4）肺下界移动范围：病人平静呼吸时，在肩胛线上叩出肺下界的位置，做好标记；然后分别于病人深吸气与深呼气末屏住呼吸，再次叩出肺下界并做好标记，标记的最高点与最低点之间的距离即为肺下界移动范围，正常为 6～8cm，相当于呼吸时膈肌的移动范围	肺下界移动范围减小见于肺组织萎缩、肺组织弹性消失、肺组织炎症和水肿等	5 分
	四、听诊		
	听诊方法：病人取卧位或坐位，微张口做均匀呼吸，从肺尖开始，按前胸部、侧胸部和背部的顺序进行，前胸部沿锁骨中线和腋前线，侧胸沿腋中线和腋后线，背部沿肩胛区和肩胛线自上而下，左右交替逐一肋间隙进行	尽量充分暴露听诊部位，注意每个部位至少听诊 1～2 个呼吸周期，注意左右、上下部位对比，必要时可进行深呼吸或咳嗽动作	4 分
	1. 呼吸音 （1）支气管呼吸音：正常在喉部、胸骨上窝、背部第 7 颈椎及第 1、2 胸椎附近 （2）肺泡呼吸音：乳房下部、肩胛下部、腋窝下部、肺尖及肺下缘 （3）支气管肺泡呼吸音：胸骨两侧 1、2 肋间，肩胛间区第 3、4 胸椎水平及肺尖前后部	呼吸音的强弱与性别、年龄、肺组织弹性、胸壁的厚度及呼吸深浅等因素有关，注意区分	4 分
	2. 啰音： 为呼吸音以外的附加音，正常情况下不存在，分为干啰音和湿啰音		3 分
	3. 语音共振： 嘱病人用一般的声音强度重复发出“yi”的长音，用听诊器听诊语音，一般在气管和大支气管附近最强，听诊时应上下左右对比		4 分
	4. 胸膜摩擦音： 正常无，当胸膜发生炎症时产生胸膜摩擦音，在前下侧胸壁最易闻及		4 分
操作后处理（5 分）	整理、记录：检查完毕，协助病人穿好衣裤、取舒适体位，整理床单位。整理用物，洗手，填写入院评估单和护理记录单		5 分
评价（5 分）	操作中语言温和、态度亲切，与病人有效沟通，充分体现人文关怀		2 分
	操作规范、熟练、动作轻柔，方法正确，检查全面、无遗漏，评估结果准确、可靠		3 分
总分			100 分

【小结】

胸廓和肺脏检查应按照视诊、触诊、叩诊、听诊的顺序进行，注意左右、上下对称比较。需掌握检查方法，并区分正常和异常体征的表现，解释异常体征的临床意义。

视诊的内容包括胸廓外形、胸壁、呼吸运动、呼吸频率和深度、呼吸节律。

触诊的内容包括胸廓扩张度、胸壁、语音震颤、胸膜摩擦感。

叩诊主要采用间接叩诊法，内容主要包括胸部叩诊音和肺界的叩诊，肺界叩诊主要是肺下界和肺下界移动范围。

听诊的内容包括正常呼吸音、异常呼吸音、啰音、语音共振及胸膜摩擦音。

【思维导图】

【思考题】

1. 双侧肺下界在锁骨中线、腋中线、肩胛线分别位于第（　　）肋间

A. 7、9、11　B. 5、7、9　C. 3、5、7
D. 6、8、10　E. 8、10、12

2. 下述肺病哪一种容易出现胸膜摩擦音（　）
A. 结核性干性胸膜炎　B. 支气管哮喘　C. 慢性支气管炎
D. 阻塞性肺气肿　E. 自发性气胸

3. 胸廓一侧膨隆多见于（　）
A. 肺炎　B. 肺不张　C. 肺纤维化
D. 阻塞性肺气肿　E. 胸膜粘连

4. 引起语音震颤增强的原因有（　）
A. 气胸　B. 胸腔积液　C. 肺实变
D. 皮下气肿　E. 阻塞性肺不张

5. 肺内巨大空洞、气胸、气腹叩诊音为（　）
A. 清音　B. 浊音　C. 鼓音
D. 实音　E. 过清音

6. 关于语音震颤的检查方法，描述错误的是（　）
A. 上下部位对比检查　B. 嘱病人配合发"一"的长音
C. 用两掌的尺侧缘检查　D. 自上而下，由内而外的检查
E. 背部检查时，嘱病人双手交叉抱肩

7. 正常肺下界移动范围是（　）
A. 2～5cm　B. 6～10cm　C. 8～10cm
D. 5～6cm　E. 6～8cm

8. 正常成人胸廓前后径与横径之比为（　）
A. 1∶1　B. 1∶1.5　C. 1∶2
D. 1∶2.5　E. 1∶5

9. 关于干啰音的描述，下列哪项错误（　）
A. 鼾音是低调的干啰音　B. 哨笛音是高调的干啰音
C. 强度、性质、部位易改变　D. 吸气和呼气均可听到
E. 一次常连续多个出现

10. 支气管呼吸音的听诊部位，不正确的是（　）
A. 喉部　B. 胸骨上窝　C. 背部第6、7颈椎
D. 第1、2胸椎附近　E. 肺尖

11. 列举常见呼吸频率与深度改变的种类及临床意义。

12. 简述肺下界及肺下界移动范围的叩诊方法。

13. 简述正常三种呼吸音的名称及典型听诊部位。

第五节　乳房检查

【学习目标】

识记　乳房检查的内容及方法。

理解　乳房检查异常体征并解释其临床意义。

运用 能够为病人正确进行乳房检查。

能够充分运用沟通技巧，与病人良好沟通，并在检查过程中注重人文关怀。

【案例导入】

某病人，女，39 岁，已婚，某公司会计，洗澡时发现左乳房有一无痛性肿块，于 2017 年 3 月经门诊入院。

问题：

1. 如何为该病人进行乳房检查？
2. 为该病人进行乳房检查时，可能出现哪些异常体征？为什么？

【操作程序】

项目	操作内容与方法	注意事项	分值
操作前准备（10 分）	检查者准备：衣帽整洁、仪表规范，修剪指甲、洗手、戴口罩		2 分
	用物准备：记录单、笔、快速手消毒剂		4 分
	病人准备：充分暴露胸部，根据需要采取平卧位或坐位		2 分
	环境准备：环境安静、整洁，光线充足，温、湿度适宜，关门窗或拉屏风		2 分
操作过程（80 分）	携用物至床旁，自我介绍，核对病人床号、姓名、住院号，协助其采取仰卧位或坐位，并做好解释工作		3 分
	一、视诊		
	（1）对称性：正常女性坐位时两侧乳房大小、形状、位置基本对称，轻度不对称者，主要因两侧乳房发育程度不完全相同所致	一侧乳房明显增大见于先天畸形、囊肿形成、炎症或肿瘤等；一侧乳房明显缩小多因发育不全所致	8 分
	（2）乳房皮肤：重点观察乳房皮肤有无红肿、下陷、溃疡、皮疹、瘢痕和色素沉着等。嘱病人做双手上举过头或双手叉腰动作，有助于早期发现乳房皮肤回缩	**1.** 皮肤发红或溃疡：局部炎症，常伴有红、肿、热、痛，或因乳腺癌引起的癌性淋巴管炎，皮肤呈深红色，不伴疼痛，发展快，面积多超过一个象限。**2.** 乳房水肿：常见于乳腺癌（“橘皮样”征）或炎症；**3.** 皮肤回缩：外伤、炎症、乳腺癌早期	8 分
	（3）乳头：注意乳头大小、位置、两侧是否对称，有无回缩与分泌物	**1.** 乳头回缩：若自幼发生为发育异常，如近期发生可能为乳癌或炎性病变。**2.** 乳头出现浆黄色分泌物见于慢性囊性乳腺炎，血性分泌物见于导管内乳头状瘤、乳腺癌及乳管炎等	8 分
	（4）腋窝和锁骨上窝：观察该部位有无红肿、溃疡、瘢痕和肿块	此为乳房淋巴引流最重要的区域	8 分
	二、触诊		
	（1）病人取合适的体位：仰卧位，在受检者肩下垫一小枕抬高肩部，手臂置于枕后；或坐位，先双臂下垂，然后双臂高举过头或双手叉腰	检查时间：月经正常的妇女最佳时间在月经结束后第 7～10 天	10 分
	（2）检查者将食指、中指和无名指并拢，用指腹轻施压力，以旋转或来回滑动的方式进行触诊。先健侧后患侧，先左侧后右侧。通常以乳头为中心，做一垂直线和水平线，将一侧乳房分成四个象限，检查时自外上象限开始，按照外上→外下→内下→内上的顺序，由浅入深触诊直至 4 个象限检查完毕，再用双手轻柔挤压乳头	**1.** 乳房较小者，检查者可用一手将乳房组织向胸壁挤压进行触诊。**2.** 乳房下垂者，检查者可用双手进行触诊，即检查者用一手自下面托住乳房，另一手由上面向下加压进行触诊。**3.** 注意乳房的硬度和弹性、有无红、肿、热、痛和包块，乳头有无硬结、弹性消失和分泌物。如触及包块，应注意其部位、大小、外形、数目、硬度、有无压痛及活动度	20 分

续表

项目	操作内容与方法	注意事项	分值
操作过程（80分）	（3）乳房触诊后，触诊腋窝、锁骨上窝及颈部淋巴结有无肿大或异常	腋窝、锁骨上窝及颈部淋巴结为乳房炎症或恶性肿瘤扩散和转移所在	15分
操作后处理（5分）	整理、记录：检查完毕，协助病人穿好衣服、取舒适体位，整理床单位。整理用物，洗手，填写入院评估单和护理记录单		5分
评价（5分）	操作中语言温和、态度亲切，与病人有效沟通，充分体现人文关怀		2分
	操作规范、熟练、动作轻柔，方法正确，检查全面、无遗漏，评估结果准确、可靠		3分
总分			100分

【小结】

乳房检查包括视诊和触诊。

乳房视诊的重点为观察两侧乳房大小、外形及对称性；乳房皮肤有无红肿、下陷与溃疡；乳头有无分泌物；腋窝和锁骨上窝有无红肿、溃疡和肿块等。

乳房触诊时，病人取坐位或者仰卧位，以乳房的硬度和弹性、有无压痛和包块为重点，遵循先健侧后患侧的原则，自外上象限开始，然后沿外下象限、内下象限、内上象限的方向由浅入深触诊直至4个象限检查完毕，最后检查乳头。若触及包块，应注意其部位、大小、外形、硬度、有无压痛及活动度等。

【思维导图】

乳房检查
视诊
对称性
乳房皮肤
有无皮肤发红或溃疡
有无乳房水肿
有无皮肤回缩
乳头
大小
位置
对称性
有无回缩或分泌物
腋窝和锁骨上窝
有无红肿、溃疡、瘢痕和肿块
触诊
顺序
先左侧后右侧，先健侧再对侧
单侧乳房：外上象限→外下象限→内下象限→内上象限→轻柔挤压乳头→触诊腋下及锁骨上淋巴结
内容
硬度和弹性
压痛
包块
部位
大小与外形
数目
硬度
活动度
乳头有无硬结、弹性消失和分泌物
方法
食指、中指、无名指三指并拢，用指腹轻施压力以旋转或来回滑动的方式由浅入深地触诊

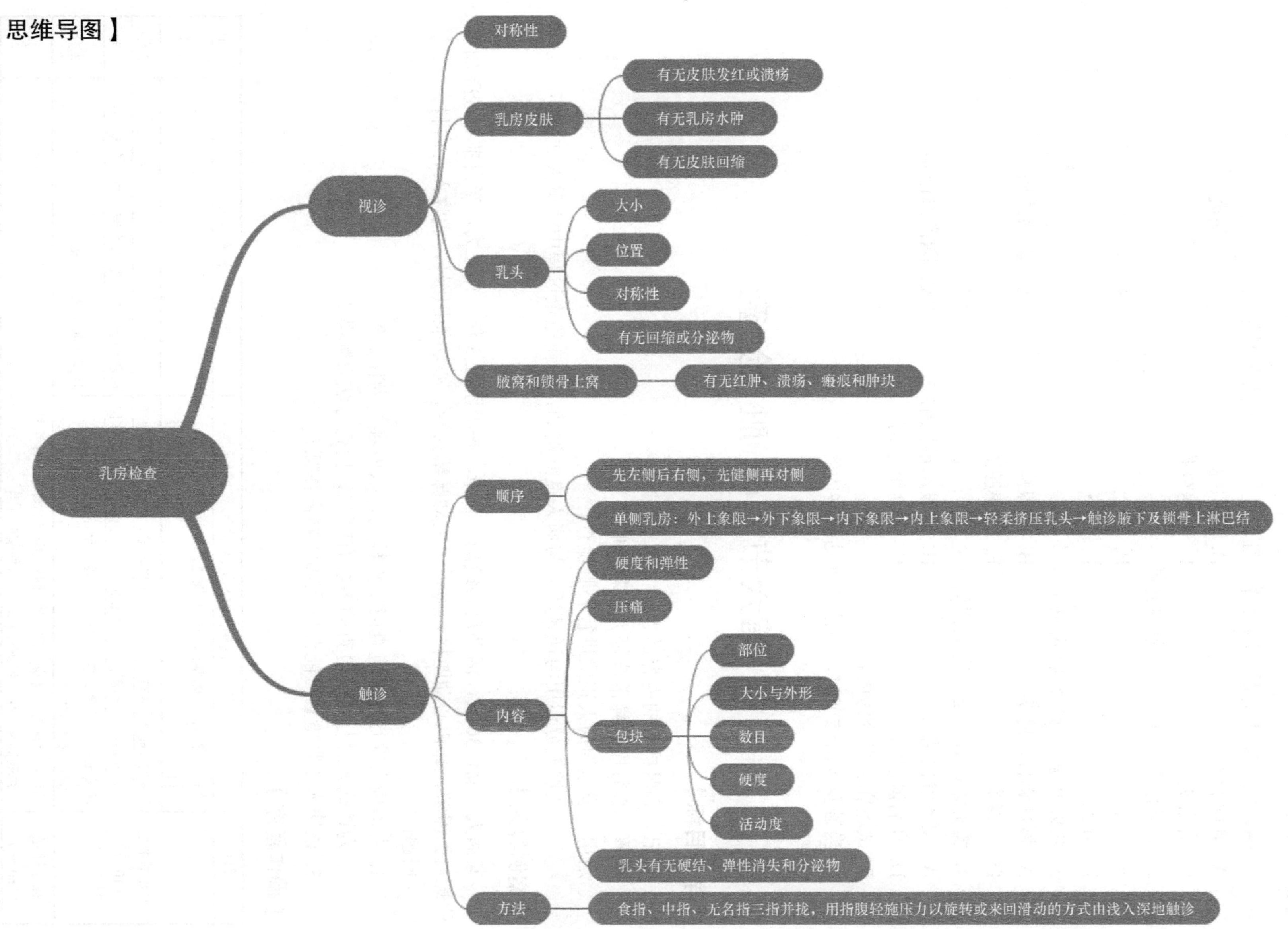

【思考题】

1. 病人乳房皮肤出现“橘皮样”征，是（　　）的典型体征
A. 乳腺囊肿　　B. 乳腺癌　　C. 乳腺炎
D. 乳管炎　　E. 乳房外伤
2. 乳房检查自（　　）象限开始
A. 左下　　B. 内上　　C. 右下
D. 外上　　E. 外下
3. 乳头出现黄色分泌物常见于（　　）
A. 慢性囊性乳腺炎　　B. 乳腺癌　　C. 乳腺结核
D. 乳管炎　　E. 乳腺脓肿
4. 乳房触诊后，还应注意评估（　　）
A. 颌下淋巴结　　B. 腹股沟淋巴结　　C. 腘窝淋巴结
D. 耳后淋巴结　　E. 腋窝淋巴结
5. 试述乳房视诊的内容。
6. 当触及乳房结节时，应注意评估哪些内容？

第六节　心 脏 检 查

【学习目标】

识记　心脏检查的内容及方法。
理解　心脏检查异常体征并解释其临床意义。
运用　能够为病人正确进行心脏检查。
　　　能够充分运用沟通技巧，与病人良好沟通，并在检查过程中注重人文关怀。

【案例导入】

某病人，女，36 岁，活动后心绞痛、眩晕、呼吸困难 3 年，伴乏力，半月前心绞痛加重，休息后无缓解，超声心动图检查提示“主动脉瓣狭窄，心功能Ⅲ级”，遂收入心内科。

问题：
1. 为该病人进行体格检查应重点检查什么内容？为什么？
2. 为该病人进行心脏检查的内容有哪些？检查方法有哪些？
3. 该病人心脏检查可能会出现哪些异常体征？

【操作程序】

项目	操作内容与方法	注意事项	分值
操作前准备（10 分）	检查者准备：衣帽整洁、仪表规范，修剪指甲、洗手、戴口罩		2 分
	用物准备：听诊器、直尺、记录单、笔、快速手消毒剂		2 分
	病人准备：充分暴露被检查部位，根据需要采取合适体位	心脏检查需暴露病人胸部，注意给病人保暖	3 分
	环境准备：环境安静、整洁，光线充足，温、湿度适宜，关门窗或拉屏风	注意保护病人的隐私	3 分
操作过程（80 分）	携用物至床旁，自我介绍，核对病人床号、姓名、住院号，协助其采取仰卧位或坐位，并做好解释工作		3 分

续表

项目	操作内容与方法	注意事项	分值
操作过程（80分）	**一、视诊**		
	病人取仰卧位或坐位，充分暴露胸部，检查者立于病人右侧，视线与病人胸廓同高，视诊内容包括心前区外形、心尖冲动及有无心前区其他部位的搏动		3分
	1. 心前区外形：正常人心前区外形与右侧相应部位对称，无异常隆起或凹陷	心前区异常隆起见于先天性心脏病，成人心包积液等。心前区凹陷较少见，可见于心前区部位手术瘢痕	3分
	2. 心尖冲动		
	（1）心尖冲动：正常成人心尖冲动位于左侧第5肋间锁骨中线内侧0.5～1.0cm处，搏动范围直径为2.0～2.5cm，距前正中线7～9cm	心尖冲动可因体型、体位、年龄、妊娠等生理因素有所差异；心尖冲动的强弱及范围与胸壁厚度、肋间隙宽窄及心脏活动强度等有关	4分
	（2）心前区异常搏动：除心尖冲动外，心前区有无其他搏动，注意搏动位置、性质、强弱等	胸骨左缘第2肋间搏动多见于肺动脉高压 胸骨左缘第3、4肋间搏动多见于右心室肥大；剑突下搏动多见于肺气肿、右心室肥大或腹主动脉瘤等	4分
	二、触诊		
	先用右手全手掌置于病人心前区进行触诊，必要时，用手掌尺侧或并拢的食指与中指指腹进行触诊以准确定位	触诊时注意做好人文关怀	3分
	1. 心尖冲动：触诊更为准确，触诊采用两步法，首先用手掌去感觉，手掌一般放在左侧乳头的下方，手掌感觉到一种向上的冲击感，再将食指和中指并拢进一步定位。注意心尖冲动位置、强度、范围、节律、频率等	左心室肥大时，触诊的手指可被强有力的心尖冲动抬起，称为抬举样心尖冲动	4分
	2. 震颤：触诊时手掌或手指指腹感觉到的一种细微震动感，又称"猫喘"。评估时用手掌或手掌尺侧从心底部到心尖部触诊整个心前区	发现震颤时，应注意其出现的部位、处于心动周期中的时相。多见于心脏瓣膜狭窄或某些先心病	4分
	3. 心包摩擦感：是一种与胸膜摩擦感相似的心前区摩擦震动感，以胸骨左缘第4肋间处最易触及，病人取前倾坐位、深呼气末或处于收缩期时更易触及	常见于急性心包炎	4分
	三、叩诊		
	病人取仰卧位或坐位，仰卧位时，病人的叩诊板指与肋间平行，坐位时板指与肋间垂直。叩诊时以轻叩为宜，力度适中，用力均匀。先叩左界，后叩右界，自下而上，由外向内。心脏浊音界的大小、形态和位置可因心脏本身病变或心外因素而发生改变	心脏叩诊可确定心界大小、形状及其在胸腔内的位置。心脏不被肺遮盖的部分，叩诊为绝对浊音，被肺部遮盖的部分叩诊呈相对浊音。叩诊心界为叩诊心脏的相对浊音界，反映心脏的实际大小	4分
	1. 叩诊心左界时，从心尖冲动最强点外2～3cm处（一般为第5肋间左锁骨中线稍外）开始，沿肋间隙由外向内叩诊，当叩诊音由清音转为浊音时，即提示达到心脏边界，用笔做一标记，并逐一肋间向上叩诊，直至第2肋间	正常人心脏左界在第2肋间几乎与胸骨左缘一致，第3肋间以下向左下逐渐形成一凸弧形，直至第5肋间。心脏右界几乎与胸骨右缘平齐，仅在第4肋间处稍向外偏离1～2cm。左心界在第2、3、4、5肋间隙与前正中线分别距离2～3cm、3.5～4.5cm、5～6cm、7～9cm。右心界在第2、3、4肋间隙与前正中线分别距离2～3cm、2～3cm、3～4cm	5分
	2. 叩诊心右界时，先沿右锁骨中线自上而下叩出肝上界，然后在其上一肋间（通常为第4肋间）开始，由外向内叩出浊音界，做一标记，再逐一肋间向上叩至第2肋间		5分
	3. 用硬尺测量前正中线至各标记点的垂直距离，再测量左锁骨中线至前正中线的距离，记录心脏的相对浊音界		3分
	四、听诊		
	病人取仰卧位或坐位，必要时可改变体位，或做深吸气、深呼气，或适当运动后听诊，以便更好地辨别心音或杂音	听诊是心脏检查最重要和最难掌握的方法	3分

续表

项目	操作内容与方法	注意事项	分值
操作过程（80分）	**1. 心脏瓣膜听诊区：** 按逆时针方向依次听诊二尖瓣区、肺动脉瓣区、主动脉瓣区、主动脉瓣第二听诊区、三尖瓣区	（1）二尖瓣区：位于心尖冲动最强点，心脏大小正常时，多位于第5肋间左锁骨中线稍内侧。（2）肺动脉瓣区：位于胸骨左缘第2肋间。（3）主动脉瓣区：位于胸骨右缘第2肋间。（4）主动脉瓣第二听诊区：位于胸骨左缘第3、4肋间。（5）三尖瓣区：位于胸骨体下端左缘，即胸骨左缘第4、5肋间	6分
	2. 听诊内容： 包括心率、心律、心音、额外心音、杂音和心包摩擦音		4分
	（1）心率：每分钟心搏的次数，一般在心尖部听取第一心音，计数1分钟，正常成人心率为60～100次/分		3分
	（2）心律：为心脏跳动的节律，正常成人心律规则		3分
	（3）心音：按照其在心动周期中出现的先后顺序，依次命名为第一心音（S_1）、第二心音（S_2）、第三心音（S_3）、第四心音（S_4），通常只能闻及第一和第二心音		3分
	（4）额外心音：只在正常 S_1 和 S_2 之外出现的附加心音，多为病理性		3分
	（5）杂音：除心音与额外心音以外，在心脏收缩或舒张过程中出现的异常声音，持续时间较长，强度、频率不同，可与心音完全分开或连续，甚至完全掩盖心音		3分
	（6）心包摩擦感：正常无，当心包有炎症或其他原因发生纤维蛋白沉着而使心包膜变得粗糙时产生心包摩擦音，以胸骨左缘第3、4肋间最清楚，坐位、上身略前倾、屏气时易听到		3分
操作后处理（5分）	整理、记录：检查完毕，协助病人穿好衣裤、取舒适体位，整理床单位。整理用物，洗手，填写入院评估单和护理记录单		5分
评价（5分）	操作中语言温和、态度亲切，与病人有效沟通，充分体现人文关怀		2分
	操作规范、熟练、动作轻柔，方法正确，检查全面、无遗漏，评估结果准确、可靠		3分
总分			100分

【小结】

心脏的检查应按照视诊、触诊、叩诊、听诊的顺序进行，需掌握检查方法，并区分正常和异常体征的表现，解释异常体征的临床意义。

心脏触诊可进一步验证视诊的结果，还可发现心脏病特有的震颤和心包摩擦感。触诊的内容包括心尖冲动、震颤和心包摩擦感。

叩诊主要了解心界大小、形状及其在胸腔内的位置。需掌握心脏叩诊的方法以及正常心脏浊音界的特点、组成及其改变的临床意义。

心脏的听诊应重点掌握，5个心脏瓣膜听诊区为：二尖瓣区、肺动脉瓣区、主动脉瓣区、主动脉瓣第二听诊区、三尖瓣区。心脏听诊的顺序是从二尖瓣开始逆时针方向开始听诊。听诊的内容包括心率、心律、心音、额外心音、杂音和心包摩擦音。

【思维导图】

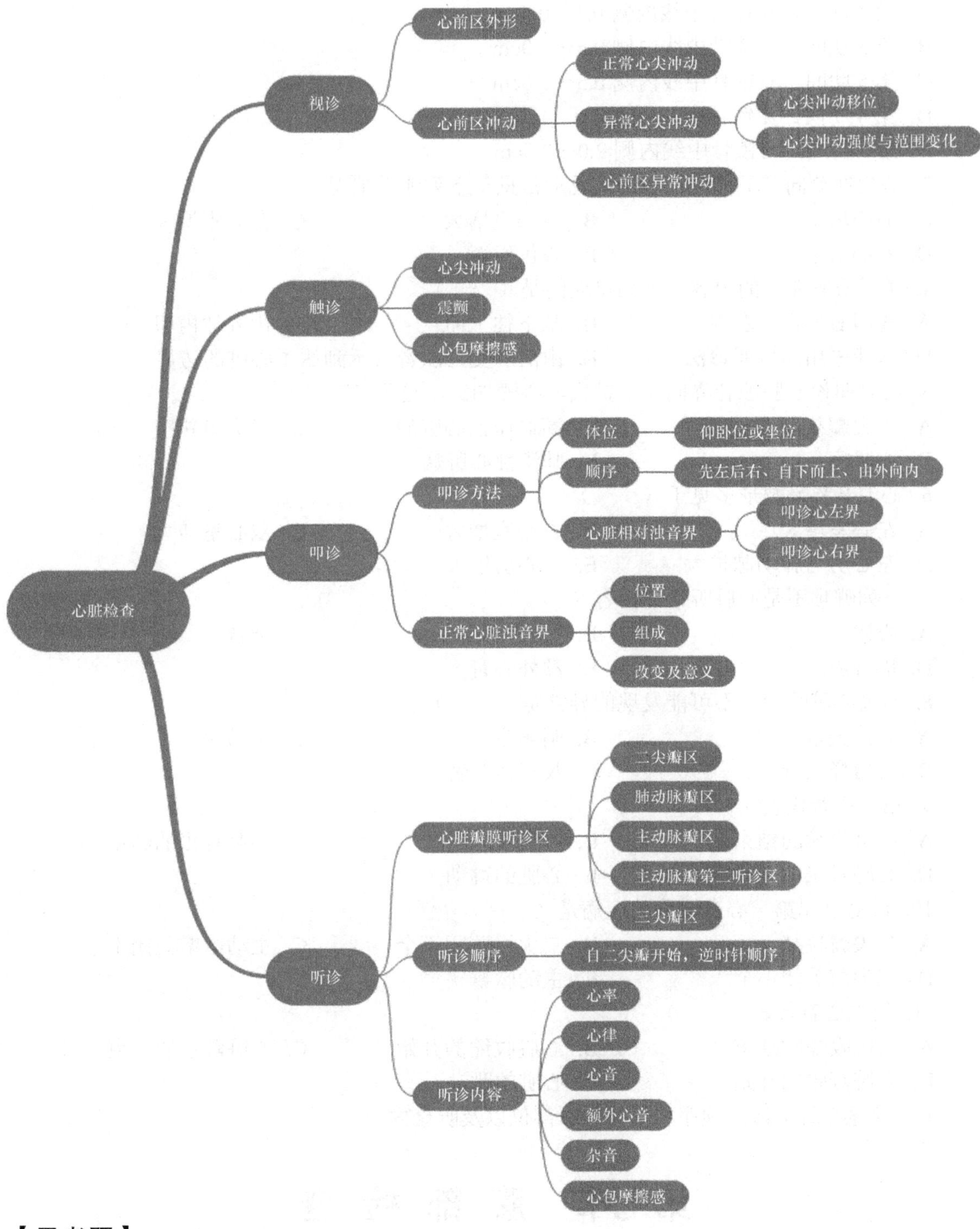

【思考题】

1. 正常心尖冲动的范围是（　　）cm。

A. 1.0～2.0　　B. 2.0～3.0　　C. 1.0～2.5

D. 2.0～2.5　　E. 3.0～4.0

2. 正常成人心尖冲动位于（　　）
A. 第 4 肋间，左锁骨中线内侧 0.1～0.5cm
B. 第 5 肋间，左锁骨中线内侧 0.5～1.0cm
C. 第 5 肋间，右锁骨中线内侧 0.5～1.0cm
D. 第 4 肋间，左锁骨中线内侧 1.0～1.5cm
E. 第 5 肋间，右锁骨中线内侧 2.0～2.5cm
3. 心尖冲动向左下移位，心影呈靴形常见于下列哪种情况（　　）
A. 右心房增大　　B. 右心室增大　　C. 左心室增大
D. 左心房增大　　E. 心包积液
4. 关于心脏叩诊的内容，下列错误的是（　　）
A. 先叩右界再叩左界　　B. 从下往上叩　　C. 由外往内叩
D. 只能采用间接叩诊法　　E. 由清音变为浊音表示到达了心脏的边界
5. 心脏叩诊心脏浊音界向左下扩大，心腰加深，见于（　　）
A. 二尖瓣狭窄　　B. 高血压性心脏病　　C. 三尖瓣狭窄
D. 心肌病　　E. 肺源性心脏病
6. 心浊音界呈梨形多见于（　　）
A. 左心室增大　　B. 右心室增大　　C. 双心室增大
D. 左心房与肺动脉扩大　　E. 右心房增大
7. 下列哪项不是心脏听诊的内容（　　）
A. 心律　　B. 心音　　C. 杂音
D. 语音震颤　　E. 额外心音
8. 通过心脏听诊，不可能发现的异常是（　　）
A. 心律失常　　B. 哨笛音　　C. 奔马律
D. 机器样杂音　　E. 叹气样杂音
9. 第一心音代表（　　）
A. 心脏收缩的结束　　B. 心脏收缩的开始　　C. 心脏舒张的结束
D. 心脏舒张的开始　　E. 心脏的跳动
10. 最易引起第一心音增强的疾病是（　　）
A. 二尖瓣狭窄　　B. 二尖瓣关闭不全　　C. 主动脉瓣关闭不全
D. 三尖瓣关闭不全　　E. 主动脉瓣狭窄
11. 第二心音代表（　　）
A. 心脏收缩的结束　　B. 心脏收缩的开始　　C. 心脏舒张的结束
D. 心脏舒张的开始　　E. 心脏的跳动
12. 简述心脏听诊的顺序和具体听诊部位以及听诊内容。

第七节　腹 部 检 查

【学习目标】

识记　腹部检查的内容及方法。
理解　腹部检查异常体征并解释其临床意义。

运用 能够为病人正确进行腹部检查。

能够充分运用沟通技巧，与病人良好沟通，并在检查过程中注重人文关怀。

【案例导入】

某病人，男，47 岁，因“黄疸半年余，左上腹痛 1 个月”入院。病人于 1 年前无明显诱因开始出现食欲减退，厌油腻，进食后腹胀、恶心，偶有呕吐。精神较差，半年来发现皮肤变黄，近 1 个月出现不明原因左上腹部疼痛，为隐痛，遂来我院就诊。实验室检查：ALT 120U/L，AST 70U/L。

问题：

1. 在为该病人进行体格检查时应重点检查什么？为什么？
2. 检查过程中应怎样指导病人进行配合？
3. 检查过程中如何做到人文关怀？

【操作程序】

项目	操作内容与方法	注意事项	分值
操作前准备（10 分）	检查者准备：衣帽整洁、仪表规范，修剪指甲、洗手、戴口罩		2 分
	用物准备：听诊器、直尺、棉签、治疗盘、记录单、笔、快速手消毒剂		4 分
	病人准备：排空膀胱，充分暴露腹部，取仰卧位，半小时内无过饱进食		2 分
	环境准备：环境安静、整洁、温暖，光线充足，关门窗或拉屏风		2 分
操作过程（80 分）	携用物至床旁，自我介绍，核对病人床号、姓名、住院号，协助其取仰卧位、双腿屈曲，并做好解释工作		3 分
	一、视诊		
	检查者立于病人右侧，自腹部侧面切线方向，观察腹部外形、呼吸运动、腹壁静脉、胃肠型及蠕动波等		
	1. 腹部外形：观察腹部是否平坦、膨隆、凹陷	正常成年人平卧时腹部平坦，肥胖者及小儿平卧时可见腹部饱满，消瘦者平卧可见腹部低平	2 分
	（1）腹部膨隆：仰卧时，前腹壁明显高于肋缘至耻骨联合的平面。分为全腹膨隆和局部膨隆	全腹膨隆见于大量腹水、腹膜炎、腹腔积气及腹腔巨大包块。局部膨隆见于脏器肿大、腹内肿瘤等	
	（2）腹部凹陷：仰卧时，前腹壁明显低于肋缘至耻骨联合的平面。分为全腹凹陷和局部凹陷	全腹凹陷见于消瘦和脱水者。如恶性肿瘤、结核等慢性消耗性疾病，或糖尿病、严重的甲亢等。局部凹陷较少见，见于腹部手术或腹部瘢痕收缩	
	2. 呼吸运动：具体方法参见第二章第四节胸廓与肺脏检查		2 分
	3. 腹壁静脉：正常人腹壁一般不显露，较瘦或皮肤白皙者隐约可见，正常为较直的条纹，不迂曲	腹壁静脉明显可见或迂曲变粗，见于门静脉高压或上下腔静脉回流受阻伴侧支循环形成	2 分
	4. 胃肠型及蠕动波：除腹壁薄或松弛的老年人和极度消瘦者，一般人看不到胃肠型及蠕动波	幽门梗阻、小肠梗阻、结肠梗阻时均可出现蠕动波；肠麻痹时蠕动波消失	2 分
	5. 腹壁其他情况，如皮疹、皮肤颜色改变、腹纹、疝等		2 分
	二、听诊		
	包括肠鸣音、振水音、血管杂音。妊娠 5 个月以上的孕妇可在脐下方听诊胎心		

续表

项目	操作内容与方法	注意事项	分值
操作过程（80 分）	**1. 肠鸣音**：将听诊器放在脐周固定位置听诊至少 1min。如未闻及，则应延续至闻及肠鸣音为止或听诊至少 5min。注意其频率、强度、音调。正常肠鸣音每分钟 4～5 次，频率、强度和音调变异较大	（1）肠鸣音活跃：>10 次/分，音调可不变。见于饥饿状态、急性肠炎、胃肠道大出血、服泻药后等。（2）肠鸣音亢进：次数增多，响亮、高亢，甚至呈金属音。见于机械性梗阻。（3）肠鸣音减弱：次数明显少于正常值，甚至数分钟才能听到 1 次。见于老年人便秘、腹膜炎、低钾血症及胃肠动力减弱者。（4）肠鸣音消失：连续听诊 3～5min 仍未闻及肠鸣音，甚至用手也不能触发。见于急性腹膜炎、电解质紊乱、腹部大手术或麻痹性肠梗阻	4 分
	2. 振水音：护士一耳凑近病人上腹部或将听诊器体件放于此处，左手固定体件，右手用稍弯曲的手指以冲击触诊法连续冲击病人上腹部，若听到液体与气体相互撞击的“咣啷”声，则为振水音。正常人餐后或饮入大量液体时，可出现振水音，故必须在餐后 6 小时检查	清晨空腹或餐后 6～8h 以上仍可听到振水音，提示胃内有较多液体潴留，见于幽门梗阻和胃扩张等	4 分
	3. 血管杂音：正常人腹部无血管杂音		2 分
	（1）动脉性血管杂音：呈喷射性杂音，常在腹中线或腹部一侧，分收缩期及舒张期	腹中部收缩期血管杂音，提示腹主动脉瘤或腹主动脉狭窄	
	（2）静脉性血管杂音：为连续的嗡鸣声，常在脐周或上腹部，无收缩期及舒张期	出现在腹壁静脉曲张严重处，提示门静脉高压有侧支循环形成	
	三、叩诊		
	包括腹部、肝脏、肾区、膀胱、移动性浊音的叩诊。直接叩诊和间接叩诊均可用于腹部叩诊，多采用间接叩诊		
	1. 腹部叩诊音：叩诊一般从左下腹开始逆时针方向至右下腹，再至脐部。除肝脏、脾脏、增大的膀胱和子宫所占据的部位及两侧腹部近腰肌处为浊音或实音，其余均为鼓音	鼓音范围明显增大见于胃肠高度胀气、胃肠穿孔所致气腹或人工气腹。鼓音范围缩小见于肝、脾或者实质性脏器极度肿大、腹腔内大量积液或肿瘤时，病变部位叩诊可呈浊音或实音	3 分
	2. 肝脏叩诊：主要包括肝上下界叩诊和肝区叩击痛	体型匀称者肝上界位于右锁骨中线第 5 肋间，下界位于右季肋下缘；瘦长体型者肝上下界均可低于一个肋间，矮胖者高一个肋间，肝上下径为 9～11cm	2 分
	（1）肝上界叩诊：嘱病人平静呼吸，沿右锁骨中线由肺清音区向下叩诊，清音转为浊音时为肝上界，又称为肝相对浊音界	肝浊音界上移见于右肺纤维化、右下肺不张等；浊音界扩大见于肝癌、肝脓肿、病毒性肝炎等；肝浊音界缩小见于肝硬化、急性重型肝炎等；肝浊音界消失代之以鼓音，见于急性胃肠穿孔	3 分
	（2）肝下界叩诊：由腹部鼓音区沿右锁骨中线或前正中线向上叩诊，由鼓音转为浊音即为肝下界	肝下界与其他脏器重叠较多，很难叩诊，多采用触诊	3 分
	（3）肝区叩击痛：检查者左手掌置于右前胸下部，右手握拳以轻至中等力量叩击左手背，询问病人是否疼痛	正常人肝区无叩击痛。肝区叩击痛见于肝炎、肝脓肿、肝癌等	2 分
	3. 肾区叩击痛：病人取坐位或侧卧位，检查者左手掌平置于病人肋脊角处，即肾区，右手握拳以轻到中等力度叩击左手背，询问病人是否疼痛	正常人肋脊角无叩击痛。肋脊角叩击痛阳性见于肾炎、肾盂肾炎、肾结石等	2 分
	4. 膀胱叩诊：于耻骨联合上方叩击膀胱区，以判断膀胱充盈的程度。膀胱空虚时，叩诊区呈鼓音，叩不出膀胱的轮廓；膀胱充盈时，叩诊区呈圆形浊音区	注意与妊娠的子宫、卵巢囊肿或子宫肌瘤等致该区域出现的浊音进行鉴别	2 分

续表

项目	操作内容与方法	注意事项	分值
操作过程（80分）	**5. 移动性浊音叩诊：**嘱病人取仰卧位，在脐水平线上分别朝病人左侧、右侧进行叩诊，若鼓音变为浊音，左手固定浊音界不动，嘱病人朝对侧卧，再次叩诊，若浊音界消失，表明浊音移动。护士继续朝反方向叩诊，重新出现由鼓音变浊音，这种因体位不同而出现浊音区变动的现象，称为移动性浊音	移动性浊音为肝硬化腹水的表现，为肝脏疾病终末期的临床表现，一般腹腔内游离腹水达1000ml以上才会出现	4分
	四、触诊		
	嘱病人取仰卧位，头部低枕，双腿屈起并稍分开，嘱其做缓慢腹式呼吸，右手四指并拢，手掌平放于腹部，从左下腹开始，逆时针方向，由下向上，先左后右进行触诊，先浅触诊，再深触诊。触诊内容包括腹壁紧张度、压痛和反跳痛、肝脾触诊、胆囊触诊、膀胱触诊	有明确病变者，先触诊健康部位，再逐渐移向病变区域	2分
	1. 腹壁紧张度：采用浅触诊，正常人腹壁有一定张力，触之柔软。浅触诊时，食指、中指、无名指的指腹按压腹壁，使之下陷2～3cm	（1）腹壁紧张度增加：分为全腹和局部紧张度增加。全腹紧张度增加见于急性弥漫性腹膜炎，触之硬如木板，称板状腹，结核性腹膜炎、癌性腹膜炎等触之有“揉面感”或“柔韧感”。局部紧张度增加多为脏器炎症累及腹膜炎，如急性胆囊炎、急性阑尾炎可见右下腹壁紧张。（2）腹壁紧张度减弱：按压时腹壁松弛无力，失去弹性。全腹紧张度减弱见于慢性消耗性疾病、大量放腹水后、严重脱水或年老体弱者。局部紧张度减弱见于局部的腹肌瘫痪或缺陷	2分
	2. 压痛和反跳痛：一般采用深触诊。检查者以并拢的食、中、无名指的指腹进行由浅入深的深触诊，触诊深度＞2cm，甚至4～5cm，手掌平面和腹壁成45°～90°按压。压痛：由浅入深触压腹部引起的疼痛，称为腹部压痛。反跳痛：出现压痛后，压于原处稍停片刻，待痛觉稳定后，迅速将手抬起，若病人疼痛加剧，并伴有痛苦表情或呻吟称为反跳痛	正常人无压痛，仅深压时有一定压迫感。压痛见于腹部炎症、肿瘤、脏器破裂等。位置较固定的压痛点，如阑尾病变的压痛位置位于脐与右髂前上棘连线中、外1/3交界的麦氏点；右锁骨中线与肋缘交界处的胆囊点压痛为胆囊病变的标志。反跳痛见于急、慢性腹膜炎	5分
	3. 肝脏触诊：嘱病人放松腹部，做深而均匀的腹式呼吸，可单手或双手触诊。双手法触诊时，右手平放于右锁骨中线上估计肋缘的下方，四指并拢，食指前端的桡侧与肋缘平行或食指与中指的指端指向肋缘，左手掌置于病人右腰部，将肝脏向上托起，大拇指张开置于右季肋区，限制胸部扩张，紧密配合病人呼吸运动触诊肝脏的下缘。注意评估肝脏的大小、质地、边缘与表面状态，有无压痛	配合要点：病人吸气时腹部隆起，肝脏随膈肌下移，用右手食指的桡侧及手指的前端“迎触”肝脏；呼气时，腹壁松弛下陷，右手应及时下压。自下而上，直至触及肝缘或右肋缘	5分
	（1）大小：正常人在右锁骨中线肋缘下一般触不到肝脏，腹部皮下脂肪薄者少数可触及。吸气末肋下一般不超过1cm，剑突下不超过3cm	肝炎、肝淤血、白血病时可触及肿大的肝脏；急性和亚急性重型肝炎，门脉性肝硬化晚期可见于肝脏缩小	2分
	（2）质地：分为质软、质韧、质硬3级	正常肝脏质软，触之如口唇。质韧者触之如鼻尖，见于慢性肝炎及肝淤血，也可见于急性肝炎及脂肪肝。质硬者触之如额头，见于肝硬化、肝癌	2分
	（3）边缘与表面状态：正常表面光滑、边缘整齐、厚薄一致	肝脏边缘钝圆，见于肝淤血、脂肪肝；表面高低不平呈大结节状，边缘厚薄不一，见于肝癌	2分
	（4）压痛：正常无压痛	肝炎或肝淤血时，可因肝包膜有炎症或受牵拉而有压痛	2分

续表

项目	操作内容与方法	注意事项	分值
操作过程（80分）	**4. 脾脏触诊**：嘱病人放松腹部，做深而均匀的腹式呼吸，可单手或双手触诊。双手法触诊时，检查者左手绕过病人腹前方，将手掌置于病人左胸下部第9～11肋处，将脾脏由后向前托起，右手掌平置于脐部，与肋弓成垂直方向，配合呼吸，迎触脾脏，直至触及脾缘或左肋缘。注意脾脏的大小、质地、边缘与表面状态，有无压痛等	正常脾脏位于左季肋区，于9～11肋的深面，肋缘下不能触及。深吸气时可在肋缘下触及脾脏边缘。若不易触及可嘱病人取右侧卧位，此时更易触及	5分
	5. 胆囊触诊：正常情况下隐藏在胆囊窝内不能触及		
	（1）胆囊肿大：可在右肋缘下的腹直肌外缘触及	胆囊肿大伴压痛常见于急性胆囊炎；呈囊性感无压痛见于壶腹周围癌；有实性感且伴有轻度压痛，见于胆囊结石或胆囊癌	2分
	（2）胆囊触痛与Murphy征阳性：检查时，检查者将左手掌平置于病人右季肋区，以左手拇指指腹勾压于右肋缘与右腹直肌交界处，即胆囊点，然后嘱病人缓慢深吸气，吸气过程中发炎的胆囊下移触及用力按压的拇指时，可引起疼痛，此为胆囊触痛，若因剧烈疼痛而致吸气中止，称为Murphy征阳性	胆囊有炎症时，虽未肿大，不能触及胆囊但可探测胆囊触痛	5分
	6. 膀胱触诊：一般采用单手滑动触诊法。病人仰卧屈膝，护士以右手自脐开始向耻骨方向触诊	胀大的膀胱呈扁圆形或圆形，触之质硬，但光滑，不能被推移，压按时有尿意，排空膀胱后，该胀物缩小或消失。可与妊娠子宫、卵巢囊肿及直肠肿物等鉴别	2分
操作后处理（5分）	整理、记录：检查完毕，协助病人穿好衣裤、取舒适体位，整理床单位。整理用物，洗手，填写入院评估单和护理记录单		5分
评价（5分）	操作中语言温和、态度亲切，与病人有效沟通，充分体现人文关怀		2分
	操作规范、熟练、动作轻柔，方法正确，检查全面、无遗漏，评估结果准确、可靠		3分
总分			100分

【小结】

腹部检查时若病人病情允许，教会病人做深而均匀的腹式呼吸运动。检查以视、听、叩、触的顺序进行，其中为了不干扰听诊的结果，听诊应在叩诊和触诊之前。视诊时若有静脉曲张，应进一步明确静脉血流方向。听诊肠鸣音时可询问病人最近时间的进食情况以对听诊结果进行辅助判断。叩诊腹部时一般呈鼓音，且由脐部向四周音调依次减弱；评估肝上界以叩诊为主，评估肝下界以触诊为主。触诊为腹部检查的重要手法，在触诊时检查者应注意左右手的配合。

【思维导图】

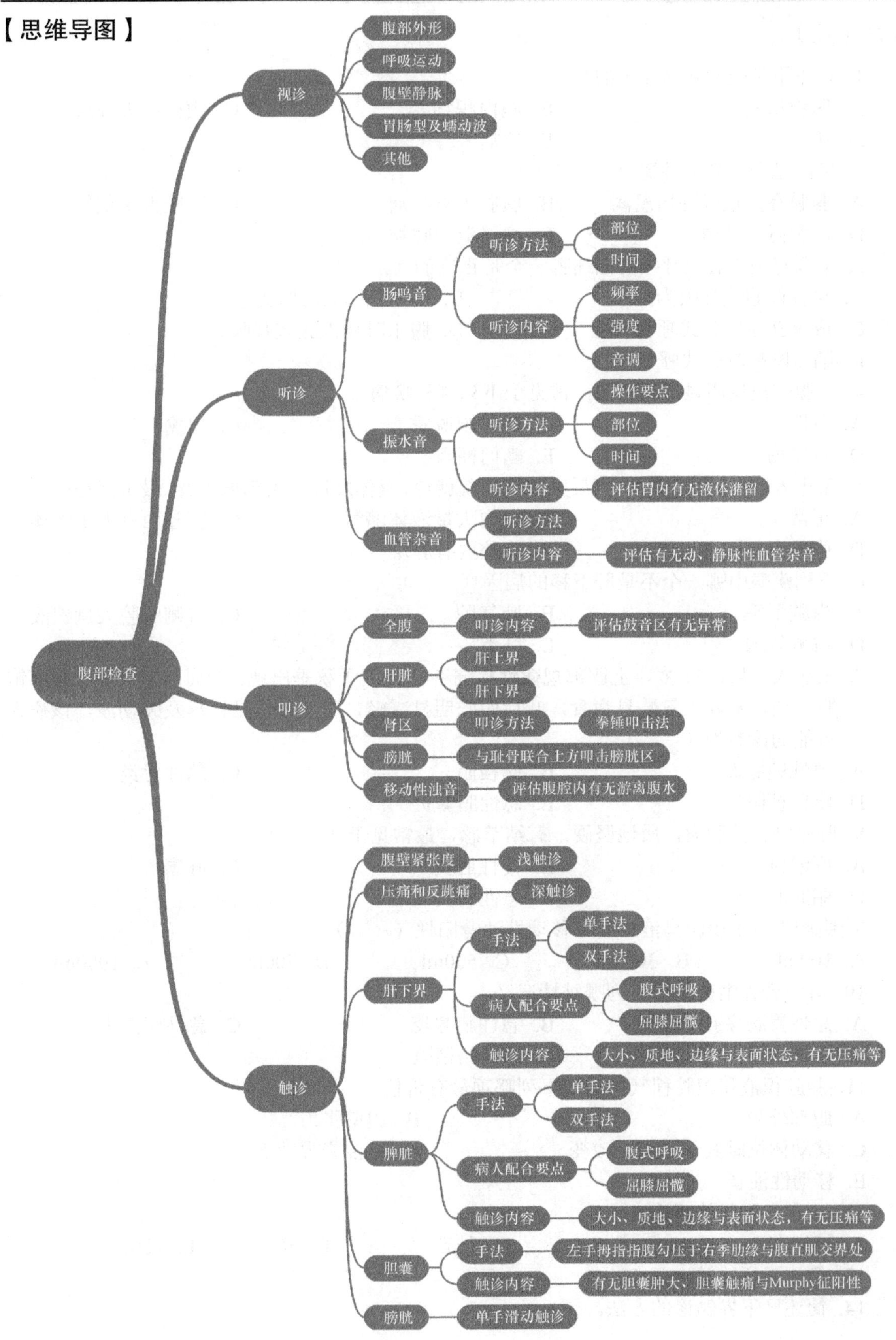

腹部检查
视诊
腹部外形
呼吸运动
腹壁静脉
胃肠型及蠕动波
其他
听诊
肠鸣音
听诊方法
部位
时间
听诊内容
频率
强度
音调
振水音
听诊方法
操作要点
部位
时间
听诊内容
评估胃内有无液体潴留
血管杂音
听诊方法
听诊内容
评估有无动、静脉性血管杂音
叩诊
全腹
叩诊内容
评估鼓音区有无异常
肝脏
肝上界
肝下界
肾区
叩诊方法
拳锤叩击法
膀胱
与耻骨联合上方叩击膀胱区
移动性浊音
评估腹腔内有无游离腹水
触诊
腹壁紧张度
浅触诊
压痛和反跳痛
深触诊
肝下界
手法
单手法
双手法
病人配合要点
腹式呼吸
屈膝屈髋
触诊内容
大小、质地、边缘与表面状态，有无压痛等
脾脏
手法
单手法
双手法
病人配合要点
腹式呼吸
屈膝屈髋
触诊内容
大小、质地、边缘与表面状态，有无压痛等
胆囊
手法
左手拇指指腹勾压于右季肋缘与腹直肌交界处
触诊内容
有无胆囊肿大，胆囊触痛与Murphy征阳性
膀胱
单手滑动触诊

【思考题】

1. 以下不是全腹膨隆原因的是（　　）
A. 腹腔积液　B. 腹内积气　C. 腹内巨大肿块
D. 肥胖　E. 斜疝
2. 尖腹见于下列哪种情况（　　）
A. 腹膜有炎症或肿瘤浸润　B. 腹腔大量积液　C. 腹腔大量积气
D. 腹腔巨大肿瘤　E. 腹壁上的肿物
3. 下列有关于腹式呼吸的描述哪一个是正确的（　　）
A. 男性以腹式呼吸为主　B. 小儿以胸式呼吸为主
C. 成年女性以腹式呼吸为主　D. 腹水时病人腹式呼吸增强
E. 膈肌麻痹时腹式呼吸增强
4. 上腹部出现明显胃蠕动波，常见于下列哪种疾病（　　）
A. 急性胃炎　B. 胃黏膜脱垂　C. 胃癌
D. 胃溃疡　E. 幽门梗阻
5. 某患者腹胀，呕吐 2 天，清晨空腹于我院就诊，查体发现上腹部振水音，最可能是（　　）
A. 正常　B. 胃内大量液体潴留　C. 腹腔内有大量液体
D. 腹腔内有游离气体　E. 腹腔内有肿块
6. 下列疾病中哪一个不是肝下移的病因（　　）
A. 内脏下垂　B. 肺气肿　C. 右侧胸腔大量积液
D. 右侧气胸　E. 肝炎
7. 某病人，男，35 岁，上腹部规律性疼痛 5 年，多于秋季出现。1 周以来饭后上腹部饱胀不适，呕吐大量酸臭宿食，吐后腹胀明显减轻，腹部查体见胃形及蠕动波，该病人可能的诊断为（　　）
A. 急性胰腺炎　B. 肠梗阻　C. 急性胃炎
D. 幽门梗阻　E. 急性胆囊炎
8. 肝脏进行性肿大，质地坚硬，有结节感，最常见于（　　）
A. 肝淤血　B. 慢性肝炎　C. 肝癌
D. 脂肪肝　E. 急性肝炎
9. 腹腔内有多少游离液体时，移动性浊音阳性（　　）
A. 100ml　B. 300 ml　C. 500ml　D. 700ml　E. 1000ml
10. 肝浊音界消失见于下列哪种情况（　　）
A. 急性胃肠穿孔　B. 急性胰腺炎　C. 急性胆囊炎
D. 急性阑尾炎　E. 急性肠梗阻
11. 腹腔积液和腹腔积气鉴别，下列哪项最有价值（　　）
A. 腹部外形　B. 腹壁张力
C. 移动体位时其形态有无改变　D. 肝浊音界改变
E. 移动性浊音
12. 正常人腹部的叩诊音是（　　）
A. 清音　B. 浊音　C. 鼓音　D. 实音　E. 过清音
13. 简述胆囊的触诊要点。
14. 简述肝下界触诊的方法。

第八节 脊柱、四肢与关节检查

【学习目标】

识记 脊柱、四肢与关节检查的内容及方法。

理解 脊柱、四肢与关节检查的异常体征并解释其临床意义。

运用 能够为病人正确检查脊柱、四肢与关节；

能够充分运用沟通技巧，与病人良好沟通，并在检查过程中注重人文关怀。

【案例导入】

某病人，女，33岁，高校教师。因“腰痛伴左下肢疼痛、行走困难1周”入院。病人于7天前抱孩子突然站起后出现腰部疼痛伴左下肢疼痛，为持续性剧痛，活动后加重。随后不能弯腰，活动受限，行走困难。在家自行佩戴腰带并卧床休息，症状无缓解。门诊以“腰椎间盘突出症”收入院。

问题：

1. 如何为该病人进行脊柱及四肢检查？脊柱、四肢与关节检查包括哪些项目？检查过程中有何注意事项？

2. 该病人在脊柱四肢检查方面可能会存在哪些异常体征？

【操作程序】

项目	操作内容与方法	注意事项	分值
操作前准备（10分）	检查者准备：衣帽整洁、仪表规范，修剪指甲、洗手、戴口罩		2分
	用物准备：记录单、笔、快速手消毒剂		4分
	病人准备：充分暴露被检查部位，根据需要采取合适体位		2分
	环境准备：环境安静、整洁，光线充足，温、湿度适宜，关门窗或拉屏风		2分
操作过程（80分）	携用物至床旁，自我介绍，核对病人床号、姓名、住院号，协助其采取立位或仰卧位或坐位，并做好解释工作		3分
	一、**脊柱**：检查时，病人可取立位或坐位，按照视诊、触诊和叩诊的顺序进行	脊柱病变主要表现为疼痛、姿势或形态异常及活动受限	
	1. 视诊		
	（1）脊柱的弯曲度：受检者双足并拢站立，双臂自然下垂。检查者侧面观察生理弯曲，有无前凸或后凸畸形，背面观察有无侧凸；或用手指沿脊柱棘突自上向下稍用力划压，使皮肤出现一条红色的充血线，以观察脊柱有无侧凸	正常人直立时从背面观察脊柱无侧弯；侧面观察有4个弯曲部位，即颈椎段稍向前凸，胸椎段稍向后凸，腰椎段明显前凸，骶椎段明显后凸，类似“S”形，称为生理性弯曲	7分
	（2）脊柱活动度：检查脊柱活动度时，嘱病人分别做前屈、后伸、左右侧弯和旋转等动作，观察脊柱的活动情况；检查颈椎活动度时，应固定病人双肩，使躯干不参与运动；检查腰椎活动度时，应固定病人臀部，使髋关节不参与运动。脊柱活动受限表现为各段活动度不能达到正常范围，出现疼痛或僵直，常见于相应脊柱节段的软组织损伤、骨关节病、结核、脱位或骨折等	已有脊柱外伤、可疑骨折或关节脱位者，应避免脊柱活动，防止损伤脊髓	10分
	2. 触诊		
	病人取坐位，检查者用右手拇指从枕骨粗隆自上而下逐个按压脊椎棘突及椎旁肌肉，询问有无压痛。正常情况下均无压痛，如有压痛，提示压痛部位可能有病变	一般以第7颈椎棘突为标志，计数病变椎体的位置	10分

续表

项目	操作内容与方法	注意事项	分值
操作过程（80 分）	**3. 叩诊** 检查脊柱叩击痛		
	（1）直接叩击法：用叩诊锤或检查者中指指端直接叩击每个脊椎棘突，询问有无痛疼，多用于胸椎和腰椎的检查。正常无叩击痛 （2）间接叩诊法：病人取端坐位，检查者将左手掌面置于病人头顶部，右手半握拳以小鱼际部位叩击左手背，询问有无疼痛，多用于颈椎的检查。正常无叩击痛	若有叩击痛，疼痛部位多为病变所在部位	10 分
	二、四肢与关节：检查包括四肢与关节的形态和活动度或运动的情况，检查方法以视诊和触诊为主，两者互相配合，检查体位因内容而不同		
	1. 四肢与关节形态：检查上肢、踝关节与足部时，病人取立位或坐位；检查髋关节时，病人取仰卧位，双下肢伸直，腰部放松；检查膝关节时，病人取立位及仰卧位。协助病人充分暴露受检部位，检查者观察四肢的长度、周径、关节形态、姿势，注意双侧对比，同时注意皮肤与指（趾）甲的颜色、形态，有无皮肤损害、局部肿胀等，并触诊有无肿块、压痛。必要时嘱病人辅以步行	正常人四肢与关节左右对称，形态正常，无肿胀及压痛。双上肢等长，双肩对称呈弧形，肘关节伸直时轻度外翻，双手自然休息时呈半握拳状。双下肢等长，双腿可伸直，两脚并拢时双膝和双踝可靠拢，站立时足掌、足跟可着地	15 分
	2. 四肢与关节运动：嘱受检者作各关节不同方向的主动或被动运动，包括屈、伸、内收、外展及旋转等，观察关节的活动度、有无活动受限、疼痛、异常声响及摩擦感	正常各关节具有一定的活动范围，活动不受限。运动受限。见于四肢的肌肉、关节或神经受损，如关节炎症、创伤、肿瘤及退行性变等	1 分
	（1）指关节检查：要求病人展开五指，然后并拢，除拇指外各手指握拳和拇指对掌动作。正常各指关节可伸直，屈指和握拳		3 分
	（2）腕关节检查：病人以腕关节、手和前臂在一条直线上。检查者将病人的前臂处于旋前位，以一手握持，另一手轻轻将腕关节向下屈曲。正常可达 50° ～60° ；再让病人腕关节背伸，正常为 30° ～60° 。病人前臂旋前，检查者一手握住其前臂，让病人手向其身体方向活动（内收），然后向离开身体方向活动（外展），正常内收 25° ～30° ，外展为 30° ～40°		3 分
	（3）肘关节检查：检查者一手握持住病人的一侧肘关节，另一手握住其手腕，使前臂尽量屈向肩部，用同样的方法检查另一侧肘关节。正常时肘关节的主动或被动屈曲可达 135° ～150° 。检查者再缓慢伸直病人的前臂，过伸可达 5° ～10° 。于屈曲位把持住病人的肘关节，嘱其旋转手臂至手掌向下（旋前），然后反向旋转至手掌向上（旋后），肘关节旋前或旋后可达 80° ～90°		3 分
	（4）肩关节检查：让病人尽可能地将上肢从前方上抬并超过头部高度，正常肩关节前屈约 135°，再让病人尽可能地将上肢从下方向后上方运动，正常后伸 45°。内收肘部可达正中线 45°～50°，外展可达 90°。嘱病人曲肘后做外展动作，先将手置于脑后，再向下运动置于腰后侧，检查肩关节内旋和外旋功能，正常内旋 90°，外旋约 30°		3 分
	（5）髋关节检查：病人仰卧，检查者一手按压髂嵴，另一手将屈曲的膝关节推向前胸，正常髋关节可屈曲 130°～140° ；病人俯卧，检查者一手按压臀部，另一手握小腿下端，屈膝 90° 后上提，正常后伸 15°～30°。病人仰卧，双		3 分

续表

项目	操作内容与方法	注意事项	分值
操作过程（80分）	下肢伸直平放，检查者将一侧下肢自中立位越过另一侧下肢向对侧活动，正常内收20°～30°；将一侧下肢自中立位外移，远离躯体中线，正常外展为30°～45°。保持病人下肢伸直，髌骨和足尖向上，检查者双手置于病人大腿下部和膝部，旋转大腿或病人屈膝，向内侧或外侧转动下肢，髋关节可内旋或外旋45°		3分
	（6）膝关节检查：检查者先缓慢地尽力屈曲病人的膝关节，正常膝关节可屈曲120°～150°；检查者再握住病人的膝和踝关节，从屈曲位尽力伸直膝关节，正常情况下，膝关节能完全伸直，有时可有5°～10°的过伸		3分
	（7）踝关节检查：检查者握住病人的足部并将之向上方和下方推动，正常背伸20°～30°，跖屈40°～50°；检查者一只手握住病人的踝部，另一只手握住病人的足部并将踝部向左右两侧活动，正常足内、外翻各为30°		3分
	（8）跖趾关节检查：嘱病人伸直各趾，然后做屈曲和背伸动作，正常跖屈30°～40°，背伸45°		3分
操作后处理（5分）	整理、记录：检查完毕，协助病人穿好衣裤、取舒适体位，整理床单位。整理用物，洗手，填写入院评估单和护理记录单		5分
评价（5分）	操作中语言温和、态度亲切，与病人有效沟通，充分体现人文关怀		2分
	操作规范、熟练、动作轻柔，方法正确，检查全面、无遗漏，评估结果准确、可靠		3分
总分			100分

【小结】

脊柱、四肢与关节检查包括脊柱检查、四肢与关节检查两部分内容。

脊柱检查时，病人可取立位或坐位，按照视诊、触诊和叩诊的顺序进行。视诊的内容主要有脊柱弯曲度和脊柱活动度，判断有无后凸、前凸、侧凸，有无活动受限；触诊主要判断有无脊柱压痛；叩诊主要叩击有无脊柱叩击痛。

四肢与关节检查，检查方法以视诊和触诊为主，两者互相配合，检查体位因内容而不同；检查内容包括四肢与关节的形态和活动度或运动的情况，通过主动或被动运动检查各关节屈、伸、内收、外展及旋转等活动情况，判断有无活动受限、疼痛、异常声响及摩擦感。

【思维导图】

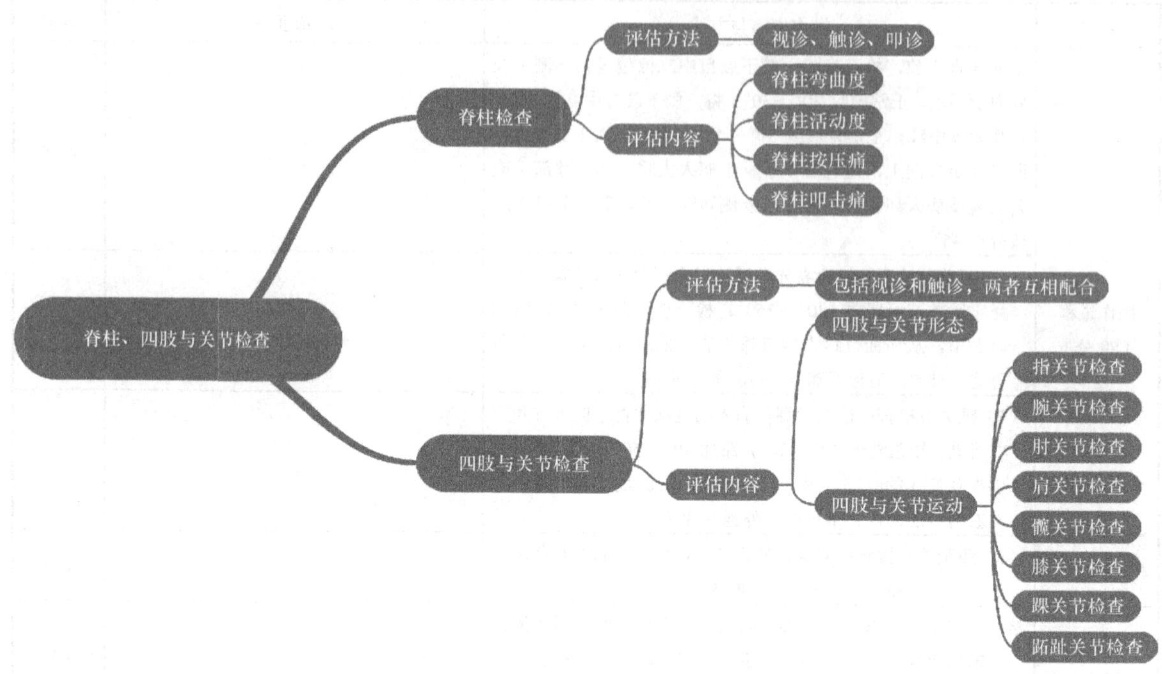

【思考题】

1. 脊柱后凸多发生于（　　）

A. 胸腰段　　B. 胸段　　C. 腰段　　D. 骶椎　　E. 腰骶段

2. 脊柱器质性侧凸的原因不包括（　　）

A. 肩部或胸廓畸形　　B. 慢性肥厚粘连　　C. 先天性脊柱发育不全

D. 坐骨神经性侧凸　　E. 肌肉麻痹

3. 方肩见于（　　）

A. 肩关节脱位　　B. 先天性肩胛高耸症　　C. 脊柱侧弯

D. 锁骨骨折　　E. 外伤性肩锁关节脱位

4. 膝内翻畸形（O 形腿）见于（　　）

A. 佝偻病　　B. 膝关节结核　　C. 小儿麻痹后遗症

D. 股骨头无菌性坏死　　E. 髂关节脱位

5. 试述杵状指的发生机制及常见的原因。

6. 试述脊柱后凸的原因和特点。

7. 试述常见足部畸形及特点。

第九节　神经系统检查

【学习目标】

识记　神经系统检查的内容及方法。

理解　神经系统检查异常体征并解释其临床意义。

运用 能够为病人正确测量肌力、肌张力。

能够为病人正确进行神经系统检查。

能够充分运用沟通技巧，与病人良好沟通，并在检查过程中注重人文关怀。

【案例导入】

某病人，男，62 岁，因“站立不稳、口角歪斜、吐词不清 2 小时”入院。病人于晨起后突然出现站立不稳，口角歪斜伴流涎，随即说话吐词不清，家属立即送其入院。无发热、咳嗽、咳痰，无乏力、食欲缺乏，无厌油、恶心等症状，门诊以“脑出血”收入院。

问题：

1. 该病人可能出现哪些异常体征？

2. 如何为该病人进行神经系统检查？

【操作程序】

项目	操作内容与方法	注意事项	分值
操作前准备（10 分）	检查者准备：衣帽整洁、仪表规范，修剪指甲、洗手、戴口罩		2 分
	用物准备：压舌板、大头针、盐、糖、醋、叩诊锤、棉签、视力表、记录单、笔、快速手消毒剂、弯盘		4 分
	病人准备：充分暴露被检查部位，根据需要采取合适体位		2 分
	环境准备：环境安静、整洁，光线充足，温、湿度适宜，关门窗或拉屏风		2 分
操作过程（80 分）	携用物至床旁，自我介绍，核对病人床号、姓名、住院号，协助其采取仰卧位或坐位，并做好解释工作	进行神经系统检查时，首先确定受检者对外界刺激的反应状态，即意识状态，一般在意识清醒的状态下进行检查	3 分
	一、脑神经	共 12 对，检查时按顺序进行，同时注意双侧对比	
	1. 嗅神经：嘱病人闭目，让病人用每一个鼻孔（检查一侧鼻孔时压住另一侧鼻孔）闻不同气味（选用日常生活中熟悉的 3 种不同气味的物品）并辨别，了解其嗅觉正常与否，有无减退或消失	检查前先确定病人鼻道是否通畅，有无嗅黏膜病变	1 分
	2. 视神经：包括视力、视野和眼底检查。具体方法见第二章第二节头面部检查		1 分
	3. 动眼神经、滑车神经、展神经：因共同支配眼球运动，也称眼球运动神经，可同时检查		1 分
	4. 三叉神经：为混合神经，具有感觉和运动两种功能		
	（1）感觉功能检查：主要检查面部皮肤及眼、鼻、口腔黏膜，用针刺检查痛觉、棉絮检查触觉、盛有冷水或热水的试管检查温度觉	检查时，自上而下、由内向外轻触前额、鼻部两侧及下颌，两侧对比，并随时询问病人有无感觉过敏、减退或消失	2 分
	（2）运动功能检查：主要检查咀嚼肌和颞肌。检查者将双手置于病人两侧下颌角上面咀嚼肌隆起处，嘱病人做咀嚼动作，比较两侧咀嚼肌力量的强弱；再将双手置于病人的颏下，向上用力，嘱病人做张口动作，感触张口时的肌力，观察张口时下颌有无偏斜		2 分
	5. 面神经检查：面神经主要支配面部表情肌和舌前 2/3 的味觉功能 （1）面肌运动检查：检查时观察病人双侧额纹、眼裂、鼻唇沟和口角是否对称，然后嘱病人做皱眉、闭眼、露齿、鼓腮或吹口哨动作，观察左右两侧是否对等		1 分
	（2）味觉功能检查：嘱病人伸舌，将具有不同味感的物质（盐、糖、醋等）用棉签涂于舌面，测试其味觉，请其用手指指出事先写在纸上的酸、甜、苦、咸四个字之一	味觉功能检查时病人不能说话、缩舌和吞咽。每种味觉试验完成后，用水漱口，再测试下一种味觉	1 分

续表

项目	操作内容与方法	注意事项	分值
操作过程（80分）	**6. 位听神经检查**：包括听力和前庭功能检查。前庭功能检查主要询问病人有无眩晕、平衡失调，检查有无自发性眼球震颤		1分
	7. 舌咽神经、迷走神经检查：舌咽神经支配舌后1/3味觉和咽部感觉，并支配软腭和咽肌的运动；迷走神经支配咽喉的感觉和运动。两者常同时受损		
	（1）运动功能检查：检查前，先询问病人有无声音嘶哑、带鼻音，有无饮水呛咳或吞咽困难，再嘱其张口发“啊”音，观察悬雍垂是否居中，两侧软腭上抬是否有力、对称，腭垂有无偏斜		2分
	（2）感觉功能检查：嘱病人张口，用棉签轻触两侧软腭和咽后壁，询问病人的感觉。后1/3味觉的检查方法同面神经		1分
	（3）咽反射：用压舌板分别轻触两侧咽后壁，观察有无反应迟钝和消失，正常者出现咽部肌肉收缩和舌后缩，有恶心反应		1分
	8. 副神经检查：支配胸锁乳突肌和斜方肌。检查时，先观察胸锁乳突肌和斜方肌有无萎缩；然后检查者将一手置于病人腮部，嘱其对抗阻力转颈，以测试其胸锁乳突肌的肌力；再将两手置于病人双肩向下按压，嘱其对抗阻力做耸肩运动，以测试其斜方肌的肌力		2分
	9. 舌下神经检查：支配舌肌运动。检查时嘱病人伸舌，观察有无舌偏斜、舌肌萎缩或舌震颤		1分
	二、**感觉功能**：包括浅感觉、深感觉、复合感觉的检查	**1.** 病人意识清晰，注意力集中。**2.** 向病人解释检查目的和方法。**3.** 检查时病人闭目。**4.** 从感觉障碍区向正常部位移行，注意左右及远近端部位的对比	
	1. 浅感觉		
	（1）痛觉：用大头针的针尖和针帽交替、均匀地轻刺受检者的皮肤，让其陈述感受，并注意两侧对称部位的比较，判断有无感觉障碍及其类型（正常、过敏、减退或消失）与范围		1分
	（2）触觉：用棉签轻触受检者的躯干及四肢皮肤或黏膜，询问其有无轻痒的感觉，正常人对轻触感觉十分敏感		1分
	（3）温度觉：用分别盛有热水（40～50℃）和冷水（5～10℃）的试管交替接触受检者的皮肤，让其陈述感受。正常人能明确辨别冷热的感觉		1分
	2. 深感觉		
	（1）运动觉：检查者用食指和拇指轻轻夹住受检者手指或足趾的两侧，做被动伸或屈的动作，嘱受检者根据感觉说出“向上”或“向下，观察其反应是否正确		2分
	（2）位置觉：检查者将病人肢体置于某一位置，让其回答自己肢体所处的位置或用对侧肢体模仿		2分
	（3）振动觉：将振动的音叉（128Hz）置于受检者的骨隆起处，如内、外踝，指尖，桡骨茎突，肘部，肩部，髂前上棘，胫骨结节等，询问有无振动感，注意两侧对比。正常人有共鸣性振动感		2分
	3. 复合感觉		
	（1）皮肤定位觉：检查者用棉签或手指轻触病人的体表某处皮肤，要求病人指出被触部位		1分
	（2）两点辨别觉：检查者用分开的钝角分规轻触病人皮肤上的两点，若病人能分辨两点，则再逐步缩小双脚间距，直至病人感觉为一点时，测其实际间距，双侧比较	正常人身体不同部位的分辨能力不同，舌尖、鼻端、指尖敏感度最高，四肢近端和躯干较差	2分

续表

项目	操作内容与方法	注意事项	分值
操作过程（80分）	（3）实体觉：嘱病人用单手触摸熟悉的物件，如硬币、钥匙、钢笔等，并说出物件的名称	先测功能差的一侧，再测另一侧	1分
	（4）体表图形觉：检查者以钝物在病人皮肤上画圆形、方形、三角形等简单图形或写一、二、十等简单的字，观察其能否识别，须双侧对照		1分
	三、运动功能		
	1. 肌力检查：嘱病人用力做肢体伸屈动作，检查者分别从相反的方向给予阻力，测试受检者对阻力的克服力量，注意两侧肢体的对比，观察有无肌力减退或消失	肌力的记录采用0～5级的6级分级法	2分
	2. 肌张力检查：嘱病人完全放松被检肢体，检查者通过触摸肌肉的硬度以及伸屈病人肢体时感知肌肉对被动伸屈的阻力做出肌张力是否正常的判断，判断有无肌张力增高和降低的情况		2分
	3. 不随意运动		
	（1）震颤：分别在病人安静状态下、身体维持某种姿势（比如病人双上肢平伸）、运动时观察躯体某部分有无出现不自主的、有节律的抖动		1分
	（2）舞蹈样动作：观察病人有无面部肌肉及肢体的快速、不规则、无目的、不对称的不自主运动，表现为做鬼脸、转颈、耸肩、手指间断性地伸屈、伸臂、摆手等舞蹈样动作，常难以维持一定的姿势，睡眠时可减轻或消失		1分
	（3）手足抽搐：观察病人有无手足肌肉呈紧张性痉挛。在上肢表现为腕部屈曲、手指伸展、掌指关节屈曲、拇指内收靠近掌心并与小指相对；在下肢表现为踝关节与趾关节皆呈屈曲状		1分
	4. 共济运动		
	（1）指鼻试验：嘱病人上肢外展伸直，用食指触碰自己的鼻尖，先慢后快，先睁眼后闭眼，再做另一侧。观察动作是否准确		2分
	（2）跟-膝-胫试验：嘱病人仰卧，抬起一侧下肢，将足跟置于对侧下肢膝部，并沿胫骨前缘向下滑动至足背，先睁眼后闭眼，再做另一侧。观察动作是否准确		2分
	（3）快速轮替动作：嘱病人伸直手掌并反复做快速的旋前和旋后动作，或用一手手掌、手背连续交替拍打对侧手掌，观察其动作是否快速、流畅、有节律		2分
	（4）闭目难立征：嘱病人直立，双足并拢，两臂向前平伸，然后闭目，观察有无晃动或倾斜	检查者站在病人周围注意做环抱动作，以防病人跌倒	2分
	四、神经反射：包括生理反射和病理反射，生理反射又分为浅反射和深反射		
	1. 浅反射：刺激皮肤、黏膜或角膜		
	（1）角膜反射：检查者将一手食指置于病人眼前约30cm处，引导其眼睛向内上方注视，另一手用棉签棉絮由病人眼外侧从视野外向内接近并轻触病人的角膜，注意避免触及眼睫毛，观察病人该侧和对侧眼睑是否能迅速闭合		1分
	（2）腹壁反射：嘱病人仰卧下肢稍屈曲，使腹壁松弛，用钝头竹签分别沿肋缘下（胸7～8）、脐平（胸9～10）及腹股沟上（胸11～12）的平行方向由外向内轻划腹壁皮肤，观察受刺激部位的腹壁肌肉有无收缩	正常情况下，肥胖者、老年人、经产妇及其他腹壁松弛者，腹壁反射可减弱或消失	1分
	（3）肛门反射：嘱病人俯卧位或者侧卧位，暴露臀部，用钝头针轻划肛门周围皮肤，观察有无肛门外括约肌收缩		1分

续表

项目	操作内容与方法	注意事项	分值
操作过程（80 分）	（4）提睾反射：嘱病人仰卧，用棉签杆由下向上轻划股内侧上方皮肤，观察有无同侧提睾肌收缩，睾丸上提的情况		1 分
	（5）跖反射：嘱病人仰卧，双下肢伸直，检查者一手持病人踝部，一手用棉签杆沿足底外侧缘，自足跟向前轻划至小趾跟部再转向拇趾侧，观察有无足趾向跖面屈曲		1 分
	2. 深反射：刺激骨膜、肌腱	检查时要求病人完全放松受检肢体，检查者叩击的力量要均匀，注意两侧对比	
	（1）肱二头肌反射：嘱病人肘部屈曲约成直角，检查者用左手托住病人屈曲的肘部，将拇指置于病人肱二头肌肌腱上，右手持叩诊锤叩击置于肘部肱二头肌腱上的拇指指甲，观察病人有无肱二头肌收缩和前臂迅速屈曲；用同样的方法检查另外一侧		2 分
	（2）肱三头肌反射：嘱病人上臂外展，肘部半屈，检查者左手托持前臂，右手叩击鹰嘴上方的肱三头肌肌腱，观察有无肱三头肌收缩和前臂伸展		2 分
	（3）桡骨骨膜反射：嘱病人前臂半屈半旋前位，腕部自然下垂，检查者用左手托住其前臂，右手用叩诊锤叩击病人桡骨茎突，观察有无肱桡肌收缩、前臂旋前曲肘		2 分
	（4）膝腱反射：病人坐位时，小腿完全放松，自然下垂；卧位时检查者左手在病人腘窝处托起其下肢，使膝关节稍屈曲，右手叩诊锤叩击髌骨下的股四头肌腱。观察有无股四头肌收缩使膝关节伸直、小腿前伸		2 分
	（5）跟腱反射：病人仰卧位，髋、膝关节均微屈曲，下肢呈外旋外展位，检查者用左手轻扳其足底，呈背屈状，右手持叩诊锤叩击跟腱；或病人跪于床边，足悬于床外，叩击跟腱。观察有无腓肠肌和比目鱼肌收缩而致足跖屈		2 分
	（6）阵挛：常见有踝阵挛和髌阵挛		
	①踝阵挛：病人仰卧位，髋关节、膝关节稍屈曲，检查者一手托扶病人的小腿，另一手托住其足掌前端，突然用力使踝关节背屈并持续施压于足底。观察有无腓肠肌与比目鱼肌发生持续性节律性收缩使足部呈现交替性屈伸动作		1 分
	②髌阵挛：病人仰卧位，下肢伸直，检查者用拇指和食指按住病人髌骨上缘，用力向远端快速连续推动数次后维持推力，观察有无股四头肌发生节律性收缩使髌骨上下移动		1 分
	3. 病理反射	1 岁半以内的婴幼儿，由于神经系统发育未完善也可出现，不属于病理性	
	（1）Babinski 征：检查方法同跖反射；阳性反应为拇趾背伸，可伴有其他足趾呈扇形展开		1 分
	（2）Oppenheim 征：病人仰卧位，检查者以拇指和食指沿病人胫骨前缘用力自上向下滑压，阳性反应同 Babinski 征		1 分
	（3）Gordon 征：病人取仰卧位，检查者用拇指和其他四指以适度的力量挤压腓肠肌，阳性反应同 Babinski 征		1 分
	（4）Hoffmann 征：检查者左手握持病人腕关节上方，右手中指及食指夹持病人中指并稍向上提，使其腕部处于轻度过伸位，然后以右手拇指迅速弹刮病人中指指甲，阳性反应为其余四指轻度掌屈		1 分
	4. 脑膜刺激征：为脑膜受激惹的表现	见于脑膜炎、蛛网膜下腔出血、颅内压增高等	

续表

项目	操作内容与方法	注意事项	分值
操作过程（80分）	（1）颈强直：病人取仰卧位，双下肢伸直。检查者用左手托扶病人枕部做被动屈颈动做测试颈肌抵抗力，感受病人有无抵抗力增强		1分
	（2）Kernig 征：病人仰卧位，检查者将其一侧髋、膝关节屈曲成直角，然后用左手固定膝关节，右手将其小腿尽量上抬，使膝关节伸直。观察有无伸膝受限以及病人伴有疼痛和屈肌痉挛		1分
	（3）Brudzinski 征：病人仰卧位，下肢自然伸直，检查者一手托病人枕部，一手置于病人胸前以维持胸部位置不变，然后使其头部前屈。阳性反应为头部前屈时，两侧膝关节和髋关节同时屈曲		1分
	5. 自主神经功能		
	（1）一般观察：观察病人皮肤及黏膜有无色泽、质地的改变以及有无皮疹、水肿、溃疡等；观察病人有无全身或局部出汗过多、过少或无汗		1分
	（2）自主神经反射		
	1）眼心反射：病人仰卧闭眼，计数病人脉率，然后检查者用右手中指及食指分别置于病人眼球的两侧，逐渐施加压力，以病人不觉疼痛为度，加压20～30s后再次计数脉率。正常人较压迫前可减少10～12次/分		1分
	2）卧立试验：于病人平卧位时计数脉率，然后嘱病人起立，再计数其立位时的脉率，比较两次计数，判断有无异常		1分
	3）皮肤划纹试验：检查者用棉签杆以适度的压力在病人皮肤上划一条线，数秒钟后即可见皮肤出现白色划痕并高出皮面，正常持续1～5min消失		1分
	4）竖毛反射：将冰块置于病人颈后或腋窝。数秒钟后可见竖毛肌收缩，毛囊处隆起呈鸡皮状		1分
	5）发汗试验：洗净并干燥病人皮肤，用含碘溶液（纯碘1.5g，蓖麻油10ml，95%乙醇溶液100ml混合）涂于皮肤（外阴部和眼睑不宜涂布）；待皮肤晾干后敷以淀粉，皮下注射毛果芸香碱10mg，当皮肤出汗时，碘使淀粉变黄色，观察其颜色变化及分布情况		1分
	6）Valsalva 动作：嘱病人深吸气后，在屏气状态下用力做呼气动作10～15s。计算此期间最长心搏间期与最短心搏间期的比值，正常人大于或等于1.4		1分
操作后处理（5分）	整理、记录：检查完毕，协助病人穿好衣裤、取舒适体位，整理床单位。整理用物，洗手，填写入院评估单和护理记录单		5分
评价（5分）	操作中语言温和、态度亲切，与病人有效沟通，充分体现人文关怀		2分
	操作规范、熟练、动作轻柔，方法正确，检查全面、无遗漏，评估结果准确、可靠		3分
总分			100分

【小结】

脑神经检查时应按顺序进行，双侧对比，以免遗漏。

感觉功能检查时受检者必须意识清晰，嘱受检者闭目。检查顺序应从感觉障碍区向正常部位移行，注意左右及远近端部位的对比。

运动功能分为随意运动与不随意运动。随意运动由锥体束支配，不随意运动由锥体外系和小脑支配。

神经反射检查主要包括：浅反射、深反射、病理反射和脑膜刺激征检查。

自主神经功能检查常用的方法分为观察和测试自主神经反射。

【思维导图】

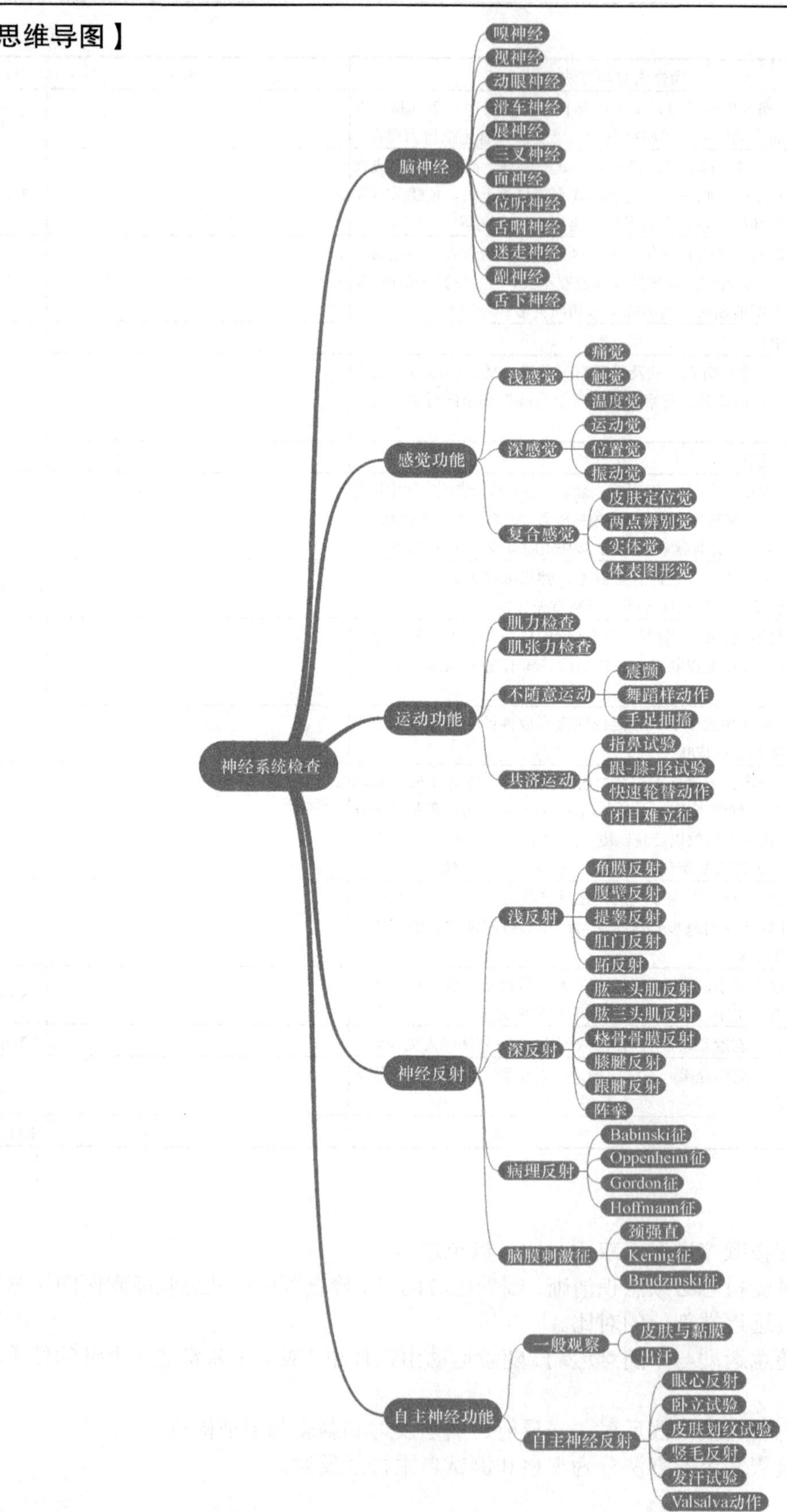

神经系统检查
脑神经
嗅神经
视神经
动眼神经
滑车神经
展神经
三叉神经
面神经
位听神经
舌咽神经
迷走神经
副神经
舌下神经
感觉功能
浅感觉
痛觉
触觉
温度觉
深感觉
运动觉
位置觉
振动觉
复合感觉
皮肤定位觉
两点辨别觉
实体觉
体表图形觉
运动功能
肌力检查
肌张力检查
不随意运动
震颤
舞蹈样动作
手足抽搐
共济运动
指鼻试验
跟-膝-胫试验
快速轮替动作
闭目难立征
神经反射
浅反射
角膜反射
腹壁反射
提睾反射
肛门反射
跖反射
深反射
肱二头肌反射
肱三头肌反射
桡骨骨膜反射
膝腱反射
跟腱反射
阵挛
病理反射
Babinski征
Oppenheim征
Gordon征
Hoffmann征
脑膜刺激征
颈强直
Kernig征
Brudzinski征
自主神经功能
一般观察
皮肤与黏膜
出汗
自主神经反射
眼心反射
卧立试验
皮肤划纹试验
竖毛反射
发汗试验
Valsalva动作

【思考题】

1. 共济失调的评估试验不包括（　　）

A. 指鼻试验　B. 跟-膝-胫试验　C. 轮替动作
D. 闭目难立征　E. Valsalva 动作

2. 让被检查者仰卧，下肢屈曲呈直角，然后伸其膝关节，由于屈肌痉挛，伸膝受限，并有疼痛和阻力即为阳性，此征称为（　　）

A. 颈强直　B. 凯尔尼格　C. 坐位低头试验
D. 布鲁辛斯基征　E. 拉塞格征

3. 静止性震颤常见于（　　）

A. 帕金森病　B. 小脑病变　C. 儿童期脑风湿性病变
D. 脑性瘫痪　E. 脑基底节变性

4. 0 级肌力表现为（　　）

A. 肌力正常　B. 仅见肌力轻微收缩，但无肢体运动
C. 只能在床上水平移动　D. 能抬离床面
E. 完全瘫痪

5. 下列哪项不是浅反射的检查内容（　　）

A. 角膜反射　B. 腹壁反射　C. 提睾反射
D. 跖反射　E. 桡骨骨膜反射

6. 复合感觉不包括（　　）

A. 皮肤定位觉　B. 两点辨别觉　C. 实体觉
D. 体表图形觉　E. 位置觉

7. 舞蹈样动作多见于（　　）

A. 小脑病变　B. 脑性瘫痪　C. 肝豆状核病变
D. 脑基底节变性　E. 脑风湿性病变

8. 下列哪项是脑膜刺激征的检查内容（　　）

A. Babinski 征　B. Oppenheim 征　C. Kernig 征
D. Gordon 征　E. 阵挛

9. 试述肌张力增强或减弱的临床意义。

10. 试述病理反射阳性的表现及临床意义。

11. 试述脑膜刺激征的检查项目以及阳性表现和临床意义。

第三章　心理与社会评估

第一节　心 理 评 估

【学习目标】

识记　心理评估的主要内容及常用方法。
　　　心理评估相关内容的基本概念。
　　　心理评估常见异常表现的主要特点。
理解　心理评估的目的和意义。
　　　心理评估常见异常表现的临床意义。
运用　恰当地运用评估方法对病人进行心理状况的评估。
　　　根据评估所获得的资料列出护理诊断。

【案例导入】

某病人，男，66 岁，一年前退休，有失落感，不能适应生活。近半年常失眠、头痛，有时血压偏高。曾到各大医院检查，疑有脑血管硬化，体检血压偏高，神经系统未见异常体征。病人常为之着急、忧愁、焦虑不安，整天沉默不语，暗自流泪。怕自己瘫痪成了废物，连累家人，故不如一死了之。曾服大量安眠药自杀未遂。

问题：

1. 该病人目前是什么情绪反应？这种情绪反应对其健康状况有何影响？
2. 应该如何对其情绪状况进行评估？
3. 除了情绪状况的评估外，还需要评估哪些内容？为什么？
4. 可以运用哪些方法对其心理状况进行评估？

【操作程序】

（一）认知评估

项目	操作内容				分值
操作前准备（10 分）	护士准备：衣帽整洁、仪表规范，修剪指甲、洗手				2 分
	用物准备：记录单、笔、相关量表、部分测量工具如血压计等				4 分
	病人准备：知晓评估内容和目的，愿意配合				2 分
	环境准备：环境安静、舒适，具有私密性				2 分
操作过程（80 分）	评估项目		评估方法	评估内容	
	感知功能	视觉 听觉 味觉 嗅觉 痛觉	①会谈法 ②观察法 ③量表评定法	①“你觉得最近视力怎么样？”“你觉得最近听力有改变吗？”“你觉得最近味觉、嗅觉有变化吗？对生活有何影响？需要哪些帮助？”“你身上是否有地方疼痛？疼痛的性质与程度如何？发生与持续的时间？诱发、加重或缓解的因素？” ②观察有无痛苦面容、哭泣、恶心、呕吐、睡眠障碍等 ③常用数字疼痛分级法（NRS）、面部表情量表法（FPS-R）等	8 分

续表

项目	操作内容				分值
	评估项目		评估方法	评估内容	
操作过程（80分）	认知功能	注意能力	观察法	无意注意：观察病人对周围环境的变化，如所住病室来新病人、开关灯有无反应 有意注意：指派任务让其完成，如请病人叙述入院前的治疗经过，填写入院记录，观察其执行任务时的专注程度	7分
		记忆能力	①心理测量法 ②量表评定法	①短时记忆：让病人重复一句话或一组由5~7个数字组成的数字串 长时记忆：让病人说出当天进食的食品、家人的姓名或叙述其孩童时代 ②常用量表有韦氏记忆量表（Wechsler memory scale，WMS）、中国临床记忆量表（clinical memory scale，CMS）	8分
		思维能力	①心理测量法 ②会谈法	①概念化能力：在护理活动过程中进行评估，如数次健康教育后，请病人总结概括其所患疾病的特征、所需的自理知识等 理解力：请病人按指示做一些从简单到复杂的动作，如要求病人关上门，坐在椅子上，将右手放在左手的手心里，然后按顺时针方向搓手心，观察其能否理解和执行指令 推理力：根据病人年龄特征提出问题，如针对6~7岁的儿童可问"一切木头做的东西在水中都会浮起来，现在有个东西丢在水里浮不起来，这个东西是什么做的？"如果儿童能回答"不是木头做的"，表明他的演绎推理能力已初步具备；如果儿童回答"是铁或石头"，表明其尚不具备演绎推理能力 洞察力：请病人描述他/她对病房环境的观察，护士与实际情况比较看有无差异 ②判断力："你出院后准备如何争取别人的帮助？""出院后经济上遇到困难你将怎么办？"	30分
		语言能力	①会谈法 ②观察法 ③心理测量法	①②：通过会谈，观察病人对问题的理解和回答是否正确 ③：请病人诵读短句或一段文字，并说出其含义，或自发性书写、默写、抄写一段文字等，判断其有无失读、失写等可能	7分
		定向力	会谈法	时间定向力："今天是星期几？今年是哪一年？" 地点定向力："你现在在什么地方？" 空间定向力："我站在你的左边还是右边？呼叫器在什么方向？" 人物定向力："你叫什么名字？你知道我是谁吗？"	5分
		智力评估	量表评定法	常用量表包括简易精神状态量表（mini-mental state examination，MMSE）、长谷川痴呆量表（Hastgawadementia scale，HDS）、蒙特利尔认知评估量表（Montreal cognitive assessment，MoCA）	15分
操作后处理（5分）	整理、记录：评估完毕，告知病人评估结束，感谢其配合，并协助其取舒适体位，整理床单位。填写相应记录单				5分
评价（5分）	操作中语言温和、态度亲切，与病人有效沟通，充分体现人文关怀				3分
	评估方法正确，评估全面、无遗漏，评估结果准确、可靠				2分
总分					100分

（二）情绪与情感评估

项目	操作内容			分值
操作前准备（10分）	护士准备：衣帽整洁、仪表规范，修剪指甲、洗手			2分
	用物准备：记录单、笔、相关量表、部分测量工具如血压计等			4分
	病人准备：知晓评估内容和目的，愿意配合			2分
	环境准备：环境安静、舒适，具有私密性			2分
操作过程（80分）	评估项目	评估方法	评估内容	
	情绪与情感评估	会谈法	“你近来心情如何？”“你如何描述你此时和平时的情绪？”“有什么事情使你感到特别高兴、担心或沮丧？”“这样的情绪存在多久了？”“你感到生活有意义吗？”	20分
		观察法	面部表情：有无喜、怒、哀、乐、悲、惊、恐等表情 身体表情：观察身体姿势或手势，如有无摇头晃脑、坐立不安、捶胸顿足等 言语表情：观察音调、语速和节奏，如音调高亢还是低沉，速度较快还是缓慢等	15分
		医学测量法	测量病人的呼吸频率、心率、血压、皮肤颜色和温度、食欲、睡眠状态等。还应注意对会谈收集的主观资料进行验证，如紧张常伴有皮肤苍白，焦虑和恐惧常伴有多汗，抑郁可有食欲减退、睡眠障碍、体重下降等	15分
		量表评定法	常用的量表有 Avillo 情绪情感形容词检表（见附录四，表1）、Zung 焦虑自评量表（self-rating anxiety scale，SAS，见附录四，表2）、Zung 抑郁自评量表（self-rating depression scale，SDS，见附录四，表3）、医院焦虑抑郁量表（hospital anxiety and depression scale，HADS）等	30分
操作后处理（5分）	整理、记录：评估完毕，告知病人评估结束，感谢其配合，并协助其取舒适体位，整理床单位。填写相应记录单			5分
评价（5分）	操作中语言温和、态度亲切，与病人有效沟通，充分体现人文关怀			3分
	评估方法正确，评估全面、无遗漏，评估结果准确、可靠			2分
总分				100分

（三）应激与应对评估

项目	操作内容			分值
操作前准备（10分）	护士准备：衣帽整洁、仪表规范，修剪指甲、洗手			2分
	用物准备：记录单、笔、相关量表、部分测量工具如血压计等			4分
	病人准备：知晓评估内容和目的，愿意配合			2分
	环境准备：环境安静、舒适，具有私密性			2分
操作过程（80分）	评估项目	评估方法	评估内容	
	应激与应对评估	会谈法	应激源：“目前让你感到有压力的事情有哪些？”“近来你的生活有哪些改变？”“你所处的环境是否让你紧张不安或烦恼？什么原因？”“你和家人的关系如何？”“你是否感到工作压力很大，无法胜任？”“你的经济状况如何？”等 应对方式：“你通常采用什么方式缓解紧张或压力？”“这样做的效果如何？”“这次生病住院对你有什么影响吗？”“你是怎么处理的？”等 社会支持：“当你遇到困难时，是否主动寻求家人、亲友或同事的帮助？”“当你遇到困难时，能否感受到家人和朋友的支持？”“当你遇到困难时，你的家人、亲友和同事中谁能帮你？”“你对家人、亲友或同事的帮助是否满意？”等	30分

续表

<table>
<tr><td>项目</td><td colspan="3">操作内容</td><td>分值</td></tr>
<tr><td rowspan="4">操作过程
（80分）</td><td>评估项目</td><td>评估方法</td><td>评估内容</td><td></td></tr>
<tr><td rowspan="3">应激与
应对评估</td><td>会谈法</td><td>个性：“一般你面对困难时采取什么样的态度和行为？”“你做事情和做决定是独立完成还是依赖别人？”等
应激反应：“有没有食欲缺乏、头痛、疲乏、睡眠障碍？”“有没有焦虑、抑郁、愤怒？”“有没有记忆力下降、思维混乱、解决问题的能力下降？”“有没有行为退化或敌对、物质滥用、自杀或暴力倾向?”等</td><td>30分</td></tr>
<tr><td>量表评定法</td><td>常用的有社会再适应评定量表、住院病人压力评定量表、Jaloviee 应对方式量表、简易应对方式问卷、社会支持评定量表、艾森克人格问卷（EPQ）、明尼苏达多项人格测验（MMPI）等</td><td>20分</td></tr>
<tr><td>观察法与医学检测法</td><td>一般状态和行为：观察有无压力的生理性反应，如厌食、胃痛、多食、疲乏、失眠、睡眠过多、头痛等；有无压力的认知反应，如感知能力与记忆力下降、思维紊乱、解决问题能力下降等；有无压力的情绪反应，如焦虑、愤怒、抑郁等；有无自杀或暴力倾向与行为
心血管系统：评估心率、心律、血压，注意有无血压升高、心率加快、心悸、胸痛等表现
呼吸系统：评估呼吸频率和呼吸型态，观察有无呼吸加快、过度通气、气短等情况
消化系统：注意有无厌食或暴食、腹痛、消化性溃疡等表现和主诉
肌肉骨骼系统：评估肌张力和身体活动情况，注意有无全身肌肉紧张、颤抖、重复某一动作等表现</td><td>30分</td></tr>
<tr><td>操作后处理
（5分）</td><td colspan="3">整理、记录：评估完毕，告知病人评估结束，感谢其配合，并协助其取舒适体位，整理床单位。填写相应记录单</td><td>5分</td></tr>
<tr><td rowspan="2">评价
（5分）</td><td colspan="3">操作中语言温和、态度亲切，与病人有效沟通，充分体现人文关怀</td><td>3分</td></tr>
<tr><td colspan="3">评估方法正确，评估全面、无遗漏，评估结果准确、可靠</td><td>2分</td></tr>
<tr><td>总分</td><td colspan="3"></td><td>100分</td></tr>
</table>

（四）健康行为评估

<table>
<tr><td>项目</td><td colspan="3">操作内容</td><td>分值</td></tr>
<tr><td rowspan="4">操作前准备
（10分）</td><td colspan="3">护士准备：衣帽整洁、仪表规范，修剪指甲、洗手</td><td>2分</td></tr>
<tr><td colspan="3">用物准备：记录单、笔、相关量表等</td><td>4分</td></tr>
<tr><td colspan="3">病人准备：知晓评估内容和目的，愿意配合</td><td>2分</td></tr>
<tr><td colspan="3">环境准备：环境安静、舒适，具有私密性</td><td>2分</td></tr>
<tr><td rowspan="3">操作过程
（80分）</td><td>评估项目</td><td>评估方法</td><td>评估内容</td><td></td></tr>
<tr><td rowspan="2">健康
行为
评估</td><td>会谈法</td><td>生活方式和习惯：“你喜欢吃什么？”“偏爱什么口味？”“有没有习惯用药或进食较多糖、盐、富含脂肪类食物的习惯？”“你每天的活动量是多少？”“每天有没有进行规律的锻炼？多久一次？一次多长时间？”
日常健康危害行为：“你有没有抽烟、喝酒或吸毒的行为？多长时间了？”
不良病感行为：“你是否经常怀疑自己患有疾病？”“你是否害怕到医院看病？”“你身体不舒服时是否及时就医？”“你是否遵从医生的治疗方案？”“你是否想放弃治疗？”
治病行为模式：“你做事是否有耐心？”“你喜欢做富有竞争性的事情吗？”“你是否经常觉得时间紧张？”“你是否觉得压力较大？”</td><td>30分</td></tr>
<tr><td>观察法</td><td>观察个体的健康行为或健康损害行为发生的频率、强度和持续时间等，如饮食的量、种类、有无节食或暴饮暴食行为；日常运动的类型、频次；有无吸烟、酗酒、吸毒行为等</td><td>25分</td></tr>
</table>

续表

项目	操作内容			分值
操作过程（80分）	评估项目	评估方法	评估内容	
	健康行为评估	量表评定法	常用问卷包括健康促进生活方式问卷（health-promoting life profile，HPLP）、酒精依赖疾患识别测验（the alcohol use disorders identification test，AUDIT）和A型行为评定量表（type A behavior pattern，TAPP）等	25分
操作后处理（5分）	整理、记录：评估完毕，告知病人评估结束，感谢其配合，并协助其取舒适体位，整理床单位。填写相应记录单			5分
评价（5分）	操作中语言温和、态度亲切，与病人有效沟通，充分体现人文关怀			2分
	评估方法正确，评估全面、无遗漏，评估结果准确、可靠			3分
总分				100分

（五）自我概念评估

项目	操作内容			分值
操作前准备（10分）	护士准备：衣帽整洁、仪表规范，修剪指甲、洗手			2分
	用物准备：记录单、笔、相关量表、纸等			4分
	病人准备：知晓评估内容和目的，愿意配合			2分
	环境准备：环境安静、舒适，具有私密性			2分
操作过程（80分）	评估项目	评估方法	评估内容	
	自我概念	会谈法	体像：“你对自己的身体和外表满意吗？”“最满意的是哪些部位，最不满意的又是哪些部位？为什么？”“外表方面，你最希望自己什么地方有所改变？他人又希望你什么地方有所改变？”对体像已改变者，可进一步询问：“这些改变对你的影响有哪些？”等 社会认同：“你从事什么职业？”“你对自己的工作满意吗？”“你的家庭及工作情况如何？”“你最引以为豪的个人成就有哪些？”等 自我认同与自尊：“你觉得你是怎样的一个人？”“你的同事、朋友、领导如何评价你？”“你是否常有‘我还不错’的感觉？”等 自我概念的现存与潜在的威胁：“目前有哪些事情让你感到焦虑、恐惧或绝望？”“目前有哪些事情让你感到忧虑或痛苦？”等	25分
		观察法	外表：是否整洁，穿着打扮是否得体，身体各部位有无异常 非语言行为：是否与他人有目光交流，面部表情如何，是否有不愿见人、不愿与他人交往、不愿照镜子、不愿看体貌改变的部位、不愿与别人讨论伤残或不愿听到这方面的谈论等行为表现 语言行为：是否有“我怎么什么都做不好”“我真没用”等语言流露 情绪状态：有无焦虑、抑郁等不良情绪	20分
		投射法（画人测试法）	让病人画自画像并对其进行解释	15分
		量表评定法	常用的量表有Rosenberg自尊量表（见附录四，表4）、Tennessee自我概念量表、Pierr-Harries儿童自我意识量表及Michigan青少年自我概念量表等	20分
操作后处理（5分）	整理、记录：评估完毕，告知病人评估结束，感谢其配合，并协助其取舒适体位，整理床单位。填写相应记录单			5分
评价（5分）	操作中语言温和、态度亲切，与病人有效沟通，充分体现人文关怀			3分
	评估方法正确，评估全面、无遗漏，评估结果准确、可靠			2分
总分				100分

（六）精神信仰评估

<table>
<tr><th>项目</th><th colspan="3">操作内容</th><th>分值</th></tr>
<tr><td rowspan="4">操作前准备
（10 分）</td><td colspan="3">护士准备：衣帽整洁、仪表规范，修剪指甲、洗手</td><td>2 分</td></tr>
<tr><td colspan="3">用物准备：记录单、笔、相关量表等</td><td>4 分</td></tr>
<tr><td colspan="3">病人准备：知晓评估内容和目的，愿意配合</td><td>2 分</td></tr>
<tr><td colspan="3">环境准备：环境安静、舒适，具有私密性</td><td>2 分</td></tr>
<tr><td rowspan="4">操作过程
（80 分）</td><td>评估项目</td><td>评估方法</td><td>评估内容</td><td></td></tr>
<tr><td rowspan="3">精神信仰评估</td><td>会谈法</td><td>精神或宗教信仰：“你认为生活的意义和目的是什么？”“对你来说什么最重要？”“是什么支持着你不断努力向前？”“在面对困难时，给你力量和希望的源泉是什么？”“你认为自己是有宗教信仰或精神信仰的人吗？”“你这些信仰与你的健康或健康决策有何关系？”等
宗教活动：“你是否加入了精神或宗教团体？”“这对你是否很重要？对你有何帮助？”“你是否经常参加相关的活动？”“参加这些活动对你都有哪些帮助和要求？”等
其他：“在医疗护理过程中，你有没有精神信仰或宗教信仰而需要特别注意的事项，如饮食禁忌或对环境的特殊要求？是什么？”</td><td>25 分</td></tr>
<tr><td>观察法</td><td>观察个体是否穿戴宗教服装或饰品，如十字架、穆斯林头巾等，是否阅读宗教书籍，有无餐前祈祷，有无教友访视等</td><td>25 分</td></tr>
<tr><td>量表评定法</td><td>常用的量表有精神信仰经验指数（spiritual experience index，SEI）、精神健康调查（spiritual health inventory，SHI）、日常精神体验量表（daily spiritual experiences scale，DSES）等</td><td>30 分</td></tr>
<tr><td>操作后处理
（5 分）</td><td colspan="3">整理、记录：评估完毕，告知病人评估结束，感谢其配合，并协助其取舒适体位，整理床单位。填写相应记录单</td><td>5 分</td></tr>
<tr><td rowspan="2">评价
（5 分）</td><td colspan="3">操作中语言温和、态度亲切，与病人有效沟通，充分体现人文关怀</td><td>3 分</td></tr>
<tr><td colspan="3">评估方法正确，评估全面、无遗漏，评估结果准确、可靠</td><td>2 分</td></tr>
<tr><td>总分</td><td colspan="3"></td><td>100 分</td></tr>
</table>

【小结】

心理评估是健康评估的重要组成部分，心理评估包括认知评估、情绪与情感评估、应激与应对评估、健康行为评估、自我概念评估和精神信仰评估六项内容。

其中，认知评估包括感知功能评估和认知功能评估。感知功能包括视觉、听觉、味觉、嗅觉和痛觉，主要采用会谈法和观察法，配合使用量表评定法进行。认知功能又包括注意能力、记忆能力、思维能力、语言能力、定向力和智力五个部分，可采用会谈法、观察法、心理测量法和量表评定法对各部分内容进行评估。

情绪和情感评估可运用会谈法、观察法和量表评定法进行评估。

应激和应对评估中，会谈法的重点包括应激源、应对方式、社会支持、个性和应激反应五个方面，针对应激过程中的有关因素可选用相应的评定量表进行测评，还可采用观察与医学检测法评估有无因应激所致的生理功能变化、认知与行为异常等。

健康行为评估中，可采用会谈法，再结合观察法和量表评定法评估病人的健康行为或健康损害行为。

对自我概念进行评估，除采用常用的会谈法、观察法和量表评定法外，对儿童等不能很好地表达观点的人，还可运用投射法（画人测试法）。

精神信仰的评估可采用会谈法、观察法和量表评定法。

【思维导图】

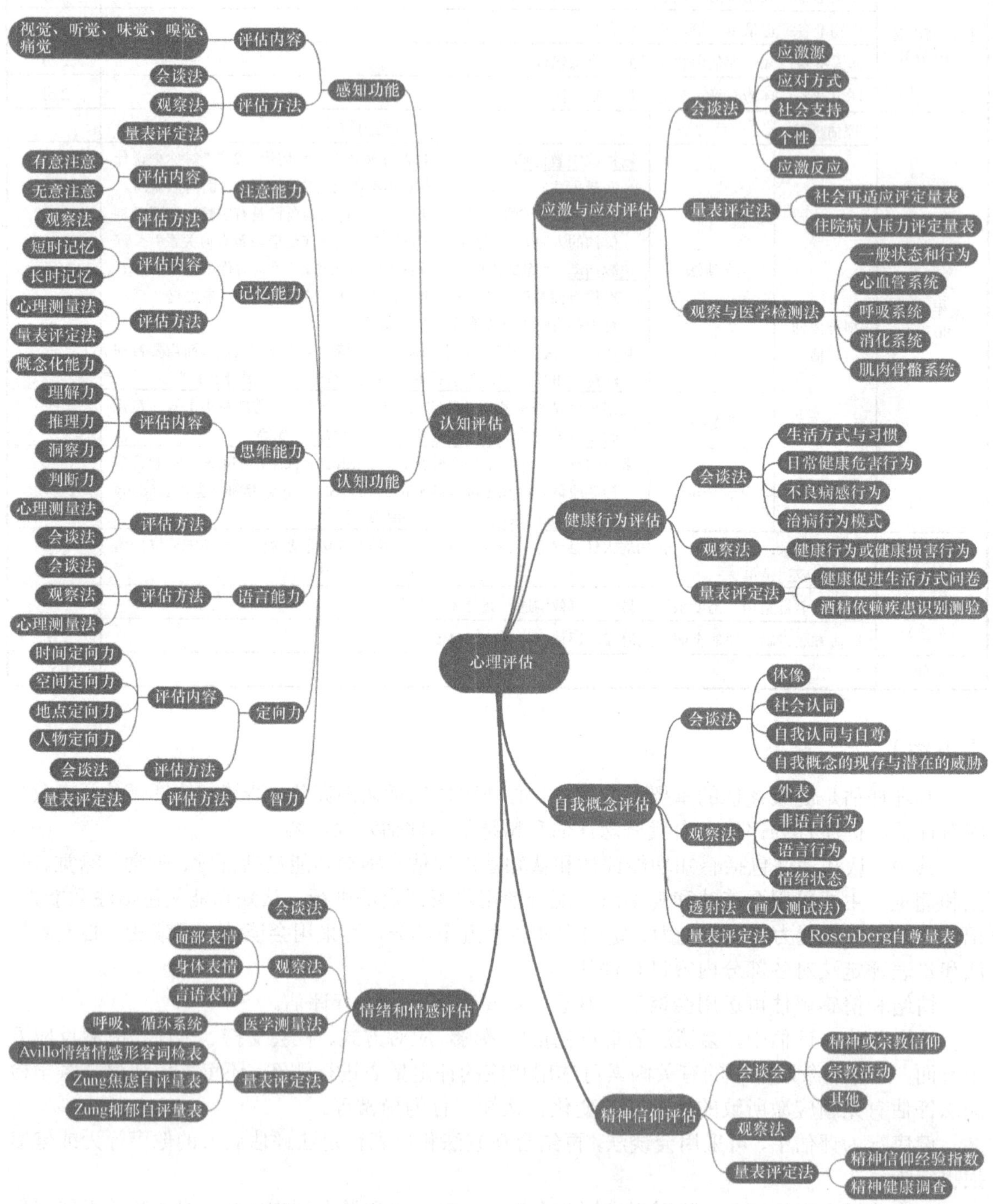

心理评估
认知评估
感知功能
评估内容
视觉、听觉、味觉、嗅觉、痛觉
评估方法
会谈法
观察法
量表评定法
认知功能
注意能力
评估内容
有意注意
无意注意
评估方法
观察法
记忆能力
评估内容
短时记忆
长时记忆
评估方法
心理测量法
量表评定法
思维能力
评估内容
概念化能力
理解力
推理力
洞察力
判断力
评估方法
心理测量法
会谈法
语言能力
评估方法
会谈法
观察法
心理测量法
定向力
评估内容
时间定向力
空间定向力
地点定向力
人物定向力
评估方法
会谈法
智力
评估方法
量表评定法
情绪和情感评估
会谈法
观察法
面部表情
身体表情
言语表情
医学测量法
呼吸、循环系统
量表评定法
Avillo情绪情感形容词检表
Zung焦虑自评量表
Zung抑郁自评量表
应激与应对评估
会谈法
应激源
应对方式
社会支持
个性
应激反应
量表评定法
社会再适应评定量表
住院病人压力评定量表
观察与医学检测法
一般状态和行为
心血管系统
呼吸系统
消化系统
肌肉骨骼系统
健康行为评估
会谈法
生活方式与习惯
日常健康危害行为
不良病感行为
治病行为模式
观察法
健康行为或健康损害行为
量表评定法
健康促进生活方式问卷
酒精依赖疾患识别测验
自我概念评估
会谈法
体像
社会认同
自我认同与自尊
自我概念的现存与潜在的威胁
观察法
外表
非语言行为
语言行为
情绪状态
透射法（画人测试法）
量表评定法
Rosenberg自尊量表
精神信仰评估
会谈会
精神或宗教信仰
宗教活动
其他
观察法
量表评定法
精神信仰经验指数
精神健康调查

【思考题】

1. 请被评估者填写入院记录，观察其执行任务时的专注程度，目的是评估其（ ）
A. 短时记忆 B. 长时记忆 C. 无意注意 D. 有意注意 E. 书写能力
2. 对不能很好表述自己的儿童进行自我概念评估时，常用的方法是（ ）
A. 交谈 B. 观察 C. 画人测验 D. 量表测评 E. 心理测量
3. 个体对自己的社会人口特征，如年龄、性别、职业、政治学术团体会员资格以及社会名誉、地位的认识与估计，是指个体的（ ）
A. 体像 B. 社会认同 C. 自我认同 D. 自尊 E. 自我形象
4. 心理评估最基本的评估方法是（ ）
A. 观察法 B. 交谈法 C. 心理测量法 D. 评定量表法 E. 医学检测法
5. 错把临床阿姨当作自己的母亲，属于（ ）出现错误
A. 时间定向力 B. 地点定向力 C. 人物定向力 D. 空间定向力 E. 自我定向力
6. 不是情感式应对方式的是（ ）
A. 紧张 B. 独处 C. 置之不理 D. 接受现实 E. 干些体力活
7. 男，38 岁，车祸导致脑外伤后出现自言自语，但内容不正常，不能理解他人的语言，也不能理解自己所言，发音用词错误，严重时别人完全听不懂。该病人发生了（ ）
A. 运动性失语 B. 感受性失语 C. 命名性失语 D. 损伤性失语 E. 理解性失语
8. 自我概念评估中观察的具体内容有哪些?
9. 请阐述思维能力的评估内容和方法。
10. 如何对应激与应对进行评估？

第二节 社会评估

【学习目标】

识记 社会评估的主要内容及常用方法。
社会评估相关内容的基本概念。
社会评估常见异常表现的主要特点。
理解 社会评估的目的和意义。
社会评估常见异常表现的临床意义。
运用 恰当地运用评估方法对病人进行社会状况的评估。
根据评估所获得的资料列出护理诊断。

【案例导入】

李某，女，35 岁，英国人，能听说汉语，嫁给中国人。目前随丈夫在中国生活，育有一 4 岁男孩。现怀孕第二胎，孕足月，由丈夫及家人陪同入院待产。查体：生命体征正常，各系统均无阳性体征，妇科情况符合正常分娩条件。分娩过程顺利，产后无不适。因大儿子生病，病人欲自行照顾，家属却认为产后需卧床休息，不能早期活动，且不许打开门窗。病人不适应中国医院的环境，不能接受中国坐月子的传统。

问题：
1. 作为护士，你预测该病人现阶段可能出现什么问题？
2. 如何对其进行评估？
3. 该病人是否存在角色适应不良？为什么？

4. 该家庭属于哪一种人口结构类型？处于家庭生活周期的哪一期？

【操作程序】

（一）角色评估

项目	操作内容			分值
操作前准备（10分）	护士准备：衣帽整洁、仪表规范，修剪指甲、洗手			2分
	用物准备：记录单、笔、相关量表等			4分
	病人准备：知晓评估内容和目的，愿意配合			2分
	环境准备：环境安静、舒适，具有私密性			2分
操作过程（80分）	评估项目	评估方法	评估内容	
	角色评估	会谈法	角色数量："你从事何种职业？""担任何种职务？""目前在家里、单位上、社会上你承担的角色与任务有哪些？"等 角色感知："你是否清楚所承担角色的权利与义务？""你觉得你所承担的角色数量与责任是否合适？"等 角色满意度："你对自己的角色行为是否满意？""与自己的角色期望是否相符？"等 角色紧张："你有没有角色紧张的生理和心理表现？比如头痛、头晕、睡眠障碍、紧张、易激惹、抑郁等？"	40分
		观察法	一般状况：有无角色适应不良的身心行为反应，如疲乏、头痛、心悸、焦虑、抑郁、忽略自己和疾病、缺乏对治疗和护理的依从性等 父母的角色行为：胜任父母角色者对自己所承担的父母角色感到满意和愉快，而不能胜任者常表现出焦虑、沮丧或筋疲力尽，对孩子的表现感到失望、不满意甚至愤怒等	40分
操作后处理（5分）	整理、记录：评估完毕，告知病人评估结束，感谢其配合，并协助其取舒适体位，整理床单位。填写相应记录单			5分
评价（5分）	操作中语言温和、态度亲切，与病人有效沟通，充分体现人文关怀			3分
	评估方法正确，评估全面、无遗漏，评估结果准确、可靠			2分
总分				100分

（二）家庭评估

项目	操作内容			分值
操作前准备（10分）	护士准备：衣帽整洁、仪表规范，修剪指甲、洗手			2分
	用物准备：记录单、笔、相关量表等			4分
	病人准备：知晓评估内容和目的，愿意配合			2分
	环境准备：环境安静、舒适，具有私密性			2分
操作过程（80分）	评估项目	评估方法	评估内容	
	家庭评估	会谈法	家庭类型与人口结构："你的家庭有多少人？""人口组成是什么样的？"等 家庭生活周期："你结婚多久了？""你们有孩子吗？多大了？"等 家庭权利结构："家里大事小事通常由谁做主？""家里有麻烦时，通常由谁提出意见和解决的办法？"等 家庭角色结构："你家每个成员各自承担什么角色？""每个成员的角色行为是否符合期望？""是否有家庭成员存在角色适应不良？"等 家庭沟通过程："你的家庭和睦、快乐吗？""大家有想法或要求是否直截了当的提出来？听者是否认真？"等 家庭价值观："家庭最主要的日常生活规范有哪些？""是否将家庭成员的健康看作头等大事？""如何看待吸烟、酗酒等生活行为？""家庭是否倡导成员间互相支持、关爱、个人利益服从家庭整体利益？"等	30分

续表

<table>
<tr><td>项目</td><td colspan="3">操作内容</td><td>分值</td></tr>
<tr><td rowspan="3">操作过程
（80 分）</td><td>评估项目</td><td>评估方法</td><td>评估内容</td><td></td></tr>
<tr><td rowspan="2">家庭评估</td><td>观察法</td><td>观察家庭沟通过程；观察父母是否胜任其角色，可通过父母的情绪状态、父母与子女间沟通方式、子女的表现三个方面观察；还可观察有无家庭虐待</td><td>25 分</td></tr>
<tr><td>量表评定法</td><td>常用的量表有 Procidano 与 Heller 的家庭支持量表（见附录四，表 5）和 Smilkstein 的家庭功能量表等</td><td>25 分</td></tr>
<tr><td>操作后处理
（5 分）</td><td colspan="3">整理、记录：评估完毕，告知病人评估结束，感谢其配合，并协助其取舒适体位，整理床单位。填写相应记录单</td><td>5 分</td></tr>
<tr><td rowspan="2">评价
（5 分）</td><td colspan="3">操作中语言温和、态度亲切，与病人有效沟通，充分体现人文关怀</td><td>3 分</td></tr>
<tr><td colspan="3">评估方法正确，评估全面、无遗漏，评估结果准确、可靠</td><td>2 分</td></tr>
<tr><td>总分</td><td colspan="3"></td><td>100 分</td></tr>
</table>

（三）文化评估

<table>
<tr><td>项目</td><td colspan="3">操作内容</td><td>分值</td></tr>
<tr><td rowspan="4">操作前准备
（10 分）</td><td colspan="3">护士准备：衣帽整洁、仪表规范，修剪指甲、洗手</td><td>2 分</td></tr>
<tr><td colspan="3">用物准备：记录单、笔、相关量表等</td><td>4 分</td></tr>
<tr><td colspan="3">病人准备：知晓评估内容和目的，愿意配合</td><td>2 分</td></tr>
<tr><td colspan="3">环境准备：环境安静、舒适，具有私密性</td><td>2 分</td></tr>
<tr><td rowspan="4">操作过程
（80 分）</td><td>评估项目</td><td>评估方法</td><td>评估内容</td><td></td></tr>
<tr><td rowspan="3">文化评估</td><td rowspan="2">会谈法</td><td>价值观：“你属于哪一个民族？请谈谈你所在民族的主要价值观？”“你本人的人生观如何？生活信念有哪些？”“你信奉的做人原则是什么？行为准则是什么？”“患病后，你以上的价值观有无改变？有哪些改变？”“患病对你价值观的实现有何影响？”等
健康信念与信仰：“对你来说，健康是什么？不健康又指什么？”“通常你在什么情况下才认为自己有病并就医？”“你认为导致自己健康问题的原因是什么？”“你怎样、何时发现你有该健康问题的？”“该健康问题对你的身心产生了哪些影响？严重程度如何？发作时持续多长时间？”“你认为你该接受何种治疗？你希望通过治疗达到哪些效果？”“你的病给你带来的主要问题有哪些？对这种疾病你最害怕什么？”等</td><td rowspan="2">50 分</td></tr>
<tr><td>习俗：“你平时进食哪些食物？喜欢的食物有哪些？有何食物禁忌或过敏吗？”“你常采用的食物烹调方式有哪些？常用的调味品是什么？”“你认为哪些食物对健康有益？哪些食物对健康有害？”“你讲何种语言？”“你喜欢的称谓是什么？有哪些语言禁忌？”等</td></tr>
<tr><td>观察法</td><td>饮食习俗：观察日常进食情况
非语言文化沟通：观察病人与他人交流时的表情、眼神、手势、坐姿等
宗教信仰：观察病人的外表、服饰、有无宗教信仰活动
文化休克：观察病人在医院期间的表现</td><td>30 分</td></tr>
<tr><td>操作后处理
（5 分）</td><td colspan="3">整理、记录：评估完毕，告知病人评估结束，感谢其配合，并协助其取舒适体位，整理床单位。填写相应记录单</td><td>5 分</td></tr>
<tr><td rowspan="2">评价
（5 分）</td><td colspan="3">操作中语言温和、态度亲切，与病人有效沟通，充分体现人文关怀</td><td>3 分</td></tr>
<tr><td colspan="3">评估方法正确，评估全面、无遗漏，评估结果准确、可靠</td><td>2 分</td></tr>
<tr><td>总分</td><td colspan="3"></td><td>100 分</td></tr>
</table>

（四）环境评估

<table>
<tr><td>项目</td><td colspan="3">操作内容</td><td>分值</td></tr>
<tr><td rowspan="4">操作前准备
（10 分）</td><td colspan="3">护士准备：衣帽整洁、仪表规范，修剪指甲、洗手</td><td>2 分</td></tr>
<tr><td colspan="3">用物准备：记录单、笔等</td><td>4 分</td></tr>
<tr><td colspan="3">病人准备：知晓评估内容和目的，愿意配合</td><td>2 分</td></tr>
<tr><td colspan="3">环境准备：环境安静、舒适，具有私密性</td><td>2 分</td></tr>
<tr><td rowspan="3">操作过程
（80 分）</td><td>评估项目</td><td>评估方法</td><td>评估内容</td><td></td></tr>
<tr><td rowspan="2">环境评估</td><td>会谈法</td><td>物理环境：“你居住和工作的场所是否整洁、明亮？”“室内空气是否流通、新鲜、无异味？有没有人抽烟？”“工作和居住的地方有没有污染源，如废水、废气等？”“居住和工作的地方有没有噪声？强度如何？”“居住及工作环境中有没有影响健康的危险因素？是否采用防护措施？”等
社会环境：“你居住和工作的地方社会治安是否安定和谐？”“你的经济收入有哪些？收入够用吗？”“医疗费用支付方面，你是公费、自费、还是部分报销？有什么困难？”“你和你的家庭成员受教育的程度分别是什么？对医学知识有没有了解？”“你有没有抽烟、喝酒的习惯？”“当你生病时，有没有人来照顾和帮助你？”等</td><td>40 分</td></tr>
<tr><td>实地考察</td><td>家庭环境：病人居住环境和其家庭中是否存在不安全因素，如居室建筑物装修等污染
工作环境：病人工作环境中有无危险因素，是否有安全作业条例，是否采用防护措施等
病室环境：病人所处病室是否光线明亮、温度和湿度适宜、干净、整洁，无尘、无异味，噪声控制是否在允许范围内，地面是否干燥、平整、防滑，有无空调或其他降温和取暖设备，婴儿室有无恒温设备，电源是否妥善安置及使用安全与否，用氧时有无防火、防油、防震标记，药物储藏是否安全可靠等</td><td>40 分</td></tr>
<tr><td>操作后处理
（5 分）</td><td colspan="3">整理、记录：评估完毕，告知病人评估结束，感谢其配合，并协助其取舒适体位，整理床单位。填写相应记录单</td><td>5 分</td></tr>
<tr><td rowspan="2">评价
（5 分）</td><td colspan="3">操作中语言温和、态度亲切，与病人有效沟通，充分体现人文关怀</td><td>3 分</td></tr>
<tr><td colspan="3">评估方法正确，评估全面、无遗漏，评估结果准确、可靠</td><td>2 分</td></tr>
<tr><td>总分</td><td colspan="3"></td><td>100 分</td></tr>
</table>

【小结】

社会评估的内容包括角色评估、文化评估、家庭评估和环境评估。

角色评估中，可采用会谈法了解病人所承担的角色数量与任务、角色感知、角色满意度，以及是否存在角色紧张，采用观察法判断病人有无角色适应不良。

家庭评估常用的方法包括会谈法、观察法和量表评定法。会谈的内容包括家庭类型与人口结构、家庭生活周期、家庭权利结构、角色结构、沟通过程和价值观。观察的内容为家庭沟通过程、父母的角色行为及有无家庭虐待。还可采用量表评定法对被评估者的家庭情况进行测评。

对文化进行评估时，可通过与病人交谈或观察，评估其人生观、价值观、健康信念与信仰、文化程度、习俗等文化要素。

环境评估除了运用交谈法获取信息外，还可进行实地考察，以了解病人的家庭、工作及病室环境中是否存在危害健康的因素。

【思维导图】

社会评估
角色评估
会谈法
角色数量
角色感知
角色满意度
角色紧张
观察法
一般状况
父母的角色行为
家庭评估
会谈法
家庭类型与人口结构
家庭生活周期
家庭权利结构
家庭角色结构
家庭沟通过程
家庭价值观
观察法
家庭沟通过程
父母能否胜任角色
有无家庭虐待
量表评定法
Procidano与Heller家庭支持量表
Smilkstein家庭功能量表
文化评估
会谈法
价值观
健康信念与信仰
习俗
观察法
饮食习俗
非语言文化沟通
宗教信仰
文化休克
环境评估
会谈法
物理环境
社会环境
实地考察
家庭环境
工作环境
病室环境

【思考题】

1. 护士角色属于（　　）

A. 第一角色　　B. 第二角色　　C. 第三角色

D. 独立角色　　E. 基本角色

2. 在 Duvall 的家庭生活周期模式中，父母独处至退休的阶段被称为（　　）

A. 退休期　　B. 老年期　　C. 独处期

D. 空巢期　　E. 重适期

3. 中国人生病时喜欢遵照中医医理进行调理，这主要是由于（　　）

A. 健康信念　　B. 求医习俗　　C. 价值观

D. 社会规范　　E. 求医习惯

4. 家庭成员感情和睦，以参与、商量方式进行决策，这种家庭权利结构属于（　　）

A. 传统型　　B. 工具型　　C. 分享型

D. 感情型　　E. 权威型

5. 女，78 岁，处于胆囊术后康复期。该病人此阶段最易发生（　　）

A. 角色冲突　　B. 角色缺如　　C. 角色强化

D. 角色消退　　E. 角色模糊

6. 小明和爸爸、妈妈、爷爷、奶奶生活在一起，他家的人口结构类型属于（　　）

A. 核心家庭　　B. 主干家庭　　C. 同居家庭

D. 重组家庭　　E. 老年家庭

7. 下列不属于社会环境评估内容的是（　　）

A. 空气湿度　　B. 政治制度　　C. 经济因素

D. 社会支持　　E. 医疗服务体系

8. 请阐述角色适应不良的类型和表现。

9. 如何运用会谈法对病人的家庭进行评估？

10. 环境评估的方法有哪些？

第四章　常规心电图检查

【学习目标】

识记　心电图导联体系以及各导联的连接方法。

描述正常心电图各波段的命名、波形特点及正常值。

理解　心电图产生的原理。

运用　能够熟练进行常规心电图描记。

能够基本掌握心电图的阅读与分析方法。

能够准确测量心电图各波段，判断正常与异常。

能够充分运用沟通技巧，与病人良好沟通，并在检查过程中注重人文关怀。

【案例导入】

某病人，女，43 岁，因感觉心悸主动要求做心电图检查。

问题：

1. 心电图是怎么形成的？
2. 什么情况下需要做心电图？
3. 心电图上的不同波形各有什么意义？
4. 如何正确测量心电图各波段？

【操作程序】

项目	操作内容与方法	注意事项	分值
操作前准备（10 分）	检查者准备：衣帽整洁、仪表规范，修剪指甲、洗手、戴口罩		2 分
	用物准备：心电图机、导电胶或 75%乙醇溶液、心电图记录纸、棉签、笔、分规、弯盘、快速手消毒剂		4 分
	病人准备：除去身上金属饰品，采取仰卧位、四肢平放、全身放松，充分暴露被检查部位		2 分
	环境准备：环境安静、整洁，光线充足，温、湿度适宜，无电磁波干扰，关门窗或拉屏风		2 分
操作过程（80 分）	**1.** 自我介绍，核对病人床号、姓名、住院号，评估病人的皮肤状况，向病人解释心电图检查的目的和方法，取得理解和配合	放置电极部位的皮肤如有污损或毛发过多，则应先清洁皮肤	5 分
	2. 在治疗室检查心电图机各导联线、电源线连接是否正常，心电图机的性能是否完好，心电图纸是否足够。检查完毕，洗手、戴口罩，携用物至床边		5 分
	3. 协助病人取仰卧位，拉床帘或者挡屏风，解开上衣、脱袜，暴露胸部、手腕和脚踝	不能平卧者可取半卧位或者坐位，脚下垫木架，避免接触地面	5 分
	4. 连接电源，打开心电图机开关，采用标准灵敏度，即走纸速度采用 25mm/s，定准电压 10mm/mV，按下抗交流电干扰键及滤波键	如遇基线不稳定及干扰时，应检查导联线及地线的连接 若波形过大，可将定准电压调整为 5mm/mV，此时每小格为 0.2mV；若波形过小，可将定准电压调整为 20mm/mV，此时每小格为 0.05mV	15 分

续表

项目	操作内容与方法	注意事项	分值
操作过程 （80分）	**5.** 在病人两手腕部屈侧关节上约 3cm，两内踝上约 10cm 处及胸前按规定位置涂抹导电胶或者75%乙醇溶液，保证电极与皮肤充分接触。按正确顺序连接肢导联和胸导联，红色（RA）电极连接右手腕、黄色（LA）电极连接左手腕、绿色（LL）电极连接左踝上部、黑色电极连接右踝上部；V_1 位于胸骨右缘第 4 肋间，V_2 位于胸骨左缘第 4 肋间，V_3 位于 V_2 与 V_4 连线的中点，V_4 位于左锁骨中线与第 5 肋间相交处，V_5 位于左腋前线 V_4 水平处，V_6 左腋中线 V_4 水平处	常规 12 导联包括：标准肢体导联Ⅰ、Ⅱ、Ⅲ，加压肢体导联 aVR、aVL、aVF，胸导联 V_1、V_2、V_3、V_4、V_5、V_6	20 分
	6. 开始描记心电图，依次做Ⅰ、Ⅱ、Ⅲ、aVR、aVL、aVF、V_1、V_2、V_3、V_4、V_5、V_6 导联，一般各导联记录 3～5 个心室波。必要时加做 V_7、V_8、V_9 导联，疑有右位心或右心梗死者，应加做 V_{2R}、V_{3R}、V_{4R} 导联	用手动方式记录心电图时，每次切换导联后，必须等到基线稳定后再启动记录纸，每个导联记录的长度不应少于 3～4 个完整的心动周期。若存在心律不齐，适当延长 V_1 或Ⅱ导联的描记时间	20 分
	7. 检查完毕，取下电极，用干纱布清洁皮肤，协助病人整理衣物及床单位		5 分
	8. 关机，切断电源，整理心电图机各电极、导联线		5 分
操作后处理 （5分）	整理、记录：整理用物，洗手，在心电图纸上注明病人姓名、性别、年龄、检查时间（年、月、日、时间）等。用分规测量各波段的高度或长度，时间测量应选择波形较清晰的导联，计算心率等，初步判断有无异常	分析心电图时，应结合病人的症状、体征、曾经用过的药物、实验室检查结果及临床诊断，以便做出正确的心电图诊断	5 分
评价 （5分）	操作中语言温和、态度亲切，与病人有效沟通，充分体现人文关怀		2 分
	操作规范、熟练、动作轻柔，方法正确，检查全面、无遗漏，评估结果准确、可靠		3 分
总分			100 分

【小结】

心电图检查对于诊断心血管疾病、评估心脏功能具有重要临床意义。

进行心电图检查前需做好环境准备及病人准备，确保室内温湿度适宜，尽量避免心电图机周围摆放电器，以免引起电磁波干扰；并嘱病人除去身上金属饰品，全身肌肉放松。

描记前，一般选择走纸速度 25mm/s、定准电压 10mm/mV，若波形过大或过小，再做相应调整。安放电极前，务必充分清洁皮肤，保证电极与皮肤表面接触良好。按正确顺序连接肢导联和胸导联，常规心电图只需记录 12 导联，对疑有或有急性心肌梗死病人首次做常规心电图时必须加做 V_{3R}、V_{4R}、V_{5R}、V_7、V_8、V_9 导联。

描记时若出现基线不稳或干扰，应注意检查电极与皮肤接触是否良好，有无电磁波干扰及病人呼吸情况等。

【思维导图】

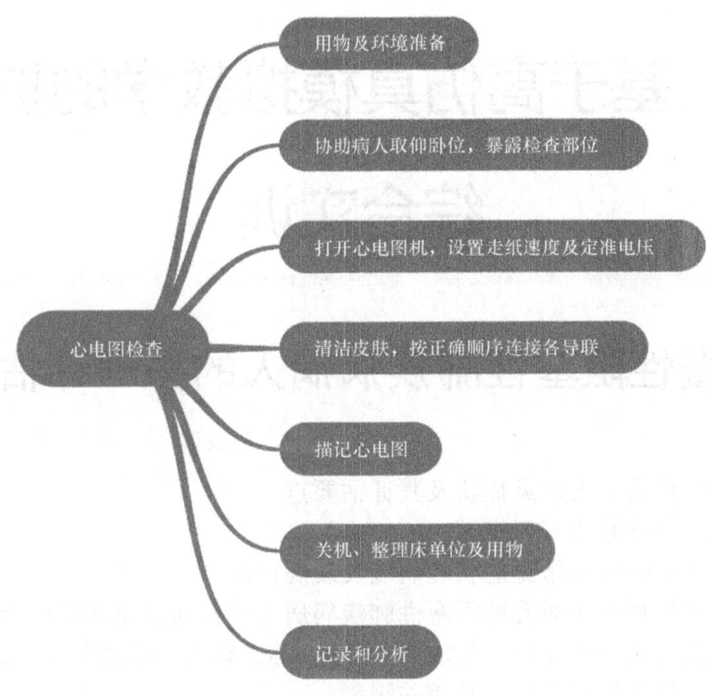

【思考题】

1. 心电图检查时，红色肢体导联线的电极连接（　　）
A. 右上肢　　B. 右下肢　　C. 左下肢
D. 胸前　　E. 左上肢

2. 正常心电图，P 波一定倒置的导联是（　　）
A. Ⅰ导联　　B. aVL 导联　　C. Ⅱ导联
D. 胸导联　　E. aVR 导联

3. 常规心电图上平均 P—P 间距为 15 小格，其心率为（　　）
A. 60 次/分　　B. 90 次/分　　C. 80 次/分
D. 70 次/分　　E. 100 次/分

4. V_1 导联探查电极放置于（　　）
A. 胸骨右缘第 4 肋间　　B. 胸骨左缘第 4 肋间　　C. V_2 与 V_4 连线中点
D. 左锁骨中线平第 5 肋间　　E. 左腋前线与 V，同一水平

5. 有关心电图各波段的叙述错误的是（　　）
A. P 波为心房除极波　　B. P—R 间期为心房除极时间
C. QRS 波群为心室除极波　　D. 心室复极晚期的心电图变化表现为 T 波
E. Q—T 间期为心室除极和复极时间之和

6. 正常心电图由哪些波段组成？各反映心脏电活动的哪个部分？

7. 心电图上各波段的时间和振幅是如何测量的？

8. 什么是窦性心律？

第五章　基于高仿真模拟教学的护理评估综合实训

第一节　慢性阻塞性肺疾病病人的护理评估综合实训

【学习目标】

识记　呼吸系统疾病病人常见症状及其评估要点。

一般检查及肺脏检查要点。

理解　呼吸系统疾病病人常见症状的病因及发病机制。

运用　能够依据护理程序对慢性阻塞性肺疾病病人进行问诊及体格检查。

能够正确实施心电监护、生命体征测量、静脉输液、雾化吸入、吸氧、吸痰等操作。

能够提出相关护理诊断及其相关因素。

能够正确书写“首次入院护理评估单”。

【知识准备】

1. 问诊的方法、内容、沟通技巧。

2. 呼吸系统疾病病人常见症状评估。

3. 一般检查及肺脏检查的内容、方法以及常见异常体征的临床意义。

4. 心电监护、生命体征测量、静脉输液、雾化吸入、吸氧、吸痰等基础护理操作方法及注意事项。

【案例导入】

某病人，男，70 岁，农民，因“反复咳嗽、咳痰 20 年余，活动后气促 10 年余，再发加重 2 天”入院，入呼吸内科普通病房。病人 20 余年前开始反复出现咳嗽、咳痰症状，10 余年前开始反复出现活动后气促，偶有夜间胸闷的情况。2 天前因受凉再次出现喘息、气促，安静休息下也觉症状明显，伴咳嗽、咳痰，咳白黏痰及黄脓痰，无痰中带血。遂来我院就诊，门诊以“慢性阻塞性肺疾病急性发作期”收入院。

【实训任务】

任务 1：作为责任护士，你将如何对该病人进行问诊及体格检查？

任务 2：根据评估结果，请列出主要护理诊断。

任务 3：应如何对该病人进行病情观察？

任务 4：作为责任护士，你将采取哪些措施配合医生治疗？

任务 5：入院当晚，病人出现明显喘息，大汗淋漓，张口呼吸，不能平卧，言语不能成句，口唇、甲床明显发绀，神志模糊，面色潮红，心电监护显示：P 138 次/分，R 30 次/分，Bp 168/112mmHg，

SPO_2 70%（吸氧）。

请问：（1）此时应警惕病人发生了什么并发症？

（2）此时应加强哪些方面的病情观察？

（3）此时应如何进行氧疗？

（4）遵医嘱为该病人静脉输注呼吸兴奋剂，应注意哪些事项？

第二节　急性心梗病人的护理评估综合实训

【学习目标】

识记　循环系统疾病病人常见症状及其评估要点。

一般检查及心脏检查要点。

理解　循环系统疾病病人常见症状的病因及发病机制。

运用　能够依据护理程序对急性心梗病人进行问诊及体格检查。

能够正确实施心电监护、常规心电图检查、生命体征测量、静脉输液、静脉采血、吸氧等操作。

能够提出相关护理诊断及其相关因素。

能够正确书写“首次入院护理评估单”。

【知识准备】

1. 问诊的方法、内容、沟通技巧。

2. 循环系统疾病病人常见症状评估。

3. 一般检查及心脏检查的内容、方法以及常见异常体征的临床意义。

4. 心电监护、常规心电图检查、生命体征测量、静脉输液、静脉采血、吸氧等基础护理操作方法及注意事项。

【案例导入】

某病人，男，58岁，教师，因“突发胸痛6小时”入院。病人于凌晨3点突发持续性胸闷、胸痛，伴有大汗淋漓，手脚厥冷，无恶心、呕吐，无头昏、头晕，无咳嗽、咳痰，伴有明显窒息感和濒死感，病后未进行特殊处理，急送当地医院急诊科，心电图检查提示急性心肌梗死，行扩管、抗血小板等对症处理后转入我院心内科。入院后，病人精神紧张，未进食水，未睡眠，大小便正常，体力下降，体重无明显改变。

【实训任务】

任务1：作为责任护士，你将如何对该病人进行问诊及体格检查？

任务2：根据评估结果，请列出主要护理诊断。

任务3：应如何对该病人进行病情观察？

任务4：作为责任护士，你将采取哪些措施配合医生治疗？

任务5：如何对该病人进行心理社会评估？

任务6：入院当天下午，病人欲自行下床如厕，突然胸痛加重、坠床晕厥。

请问：（1）此时应警惕病人发生了什么并发症？

（2）作为责任护士，你将如何配合医生进行抢救？

（3）该病人病情加重的原因是什么？

（4）为该病人进行常规心电图检查时应注意哪些事项？

第三节 消化性溃疡病人的护理评估综合实训

【学习目标】

识记 消化系统疾病病人常见症状及其评估要点。
一般检查及腹部检查要点。

理解 消化系统疾病病人常见症状的病因及发病机制。

运用 能够依据护理程序对消化性溃疡病人进行问诊及体格检查。
能够正确实施心电监护、生命体征测量、静脉输液、输血、吸氧等操作。
能够提出相关护理诊断及其相关因素。
能够正确书写“首次入院护理评估单”。

【知识准备】

1. 问诊的方法、内容、沟通技巧。

2. 消化系统疾病病人常见症状评估。

3. 一般检查及腹部检查的内容、方法以及常见异常体征的临床意义。

4. 心电监护、生命体征测量、静脉输液、输血、吸氧等基础护理操作方法及注意事项。

【案例导入】

某病人，男，40 岁，工人，因“黑便 3 天，加重伴呕血 2 小时”入院。病人 3 天前开始出现大便颜色变黑，不成形，每天 3～4 次，每次约 200g。2 小时前，再次出现大便不成形，颜色为紫红色，约 150g，同时伴有呕吐，呕吐物为咖啡色胃内容物，自感头晕、心悸、乏力、冷汗、恶心，遂由家人急送入院。

【实训任务】

任务 1：作为责任护士，你将如何对该病人进行问诊及体格检查？

任务 2：根据评估结果，请列出主要护理诊断。

任务 3：应如何对该病人进行病情观察？

任务 4：作为责任护士，你将采取哪些措施配合医生治疗？

任务 5：入院后第二天，病人在进食油炸馍干后出现头晕、乏力、恶心、腹胀、呕鲜血约 500ml。紧急测量生命体征：HR 134 次/分，R 26 次/分，Bp 80/60mmHg，SpO_2 92%。

请问：（1）此时应警惕病人发生了什么并发症？

（2）作为责任护士，你将如何配合医生进行抢救？

（3）该病人病情加重的原因是什么？

（4）此时应加强哪些方面的病情观察？

（5）如何对该病人进行心理社会评估？

第四节　白血病病人的护理评估综合实训

【学习目标】

识记　血液系统疾病病人常见症状及其评估要点。

皮肤检查、浅表淋巴结检查、四肢与关节检查、神经系统检查要点。

理解　血液系统疾病病人常见症状的病因及发病机制。

运用　能够依据护理程序对白血病病人进行问诊及体格检查。

能够正确实施心电监护、生命体征测量、静脉输液、输血、吸氧、冷疗等操作。

能够提出相关护理诊断及其相关因素。

能够正确书写“首次入院护理评估单”。

【知识准备】

1. 问诊的方法、内容、沟通技巧。

2. 血液系统疾病病人常见症状评估。

3. 皮肤检查、浅表淋巴结检查、四肢与关节检查、神经系统检查的内容、方法以及常见异常体征的临床意义。

4. 心电监护、生命体征测量、静脉输液、输血、吸氧、冷疗等基础护理操作方法及注意事项。

【案例导入】

某病人，男，45 岁，工人，因“反复发热、鼻出血 2 周”入院。病人于 2 周前无明显诱因反复出现发热、鼻出血，伴食欲缺乏、乏力，无头晕、头痛，无咳嗽、咳痰，无恶心、呕吐、黄疸，无尿频、尿急、尿痛，无腹痛、腹泻、黑便，无骨关节疼痛等不适。院外给予退热治疗后效果不明显，遂入我院就诊。患病以来，病人精神、睡眠、食欲欠佳，大小便正常，体力下降，体重无明显改变。入院查血常规示：Hb 98g/L，RBC 2.5×10^{12}/L，WBC 2.4×10^{9}/L，PLT 12×10^{9}/L。行骨髓检查考虑为急性淋巴细胞白血病。

【实训任务】

任务 1：作为责任护士，你将如何对该病人进行问诊及体格检查？

任务 2：根据评估结果，请列出主要护理诊断。

任务 3：应如何对该病人进行病情观察？

任务 4：作为责任护士，你将采取哪些措施配合医生治疗？

任务 5：若病人已知晓自身病情，如何对该病人进行心理社会评估？

任务 6：入院第二天，病人自行去卫生间大便后，突然出现剧烈头痛、喷射性呕吐、烦躁不安、视物模糊等。体检发现病人出现颈项略强直、Kernig 征阳性、Brudzinski 征阳性。生命体征：T 36.5℃，P 132 次/分，R 24 次/分，Bp 88/50mmHg，SpO_2 90%。

请问：（1）此时应警惕病人发生了什么并发症？

（2）作为责任护士，你将如何配合医生进行抢救？

（3）该病人病情加重的原因是什么？

（4）如何对该病人进行瞳孔评估？

第五节 甲亢病人的护理评估综合实训

【学习目标】

识记 内分泌与代谢性疾病病人常见症状及其评估要点。
一般检查、头面颈部检查、心脏检查要点。

理解 内分泌与代谢性疾病病人常见症状的病因及发病机制。

运用 能够依据护理程序对甲亢病人进行问诊及体格检查。
能够正确实施心电监护、生命体征测量、静脉输液、物理降温、吸氧等操作。
能够提出相关护理诊断及其相关因素。
能够正确书写“首次入院护理评估单”。

【知识准备】

1. 问诊的方法、内容、沟通技巧。

2. 内分泌与代谢性疾病病人常见症状评估。

3. 一般检查、头面颈部检查、心脏检查的内容、方法以及常见异常体征的临床意义。

4. 心电监护、生命体征测量、静脉输液、物理降温、吸氧等基础护理操作方法及注意事项。

【案例导入】

某病人，女，30 岁，会计，因“心慌、气短、多汗半年，突眼 2 月”入院。病人于半年前无明显诱因出现心慌、气短、多汗，伴乏力，多食，体重下降。2 个月前出现双眼突出，伴胀痛、畏光、流泪。今为求进一步诊治，遂来我院就诊，门诊以“甲状腺功能亢进”收入院。患病以来，病人精神正常，食欲亢进，大小便增多。入院时体检：T 36.5℃，P 90 次/分，R 18 次/分，Bp 118/72mmHg；左眼球突度 18mm，右眼球突度 20mm；甲状腺肿大，可闻及血管杂音。

【实训任务】

任务 1：作为责任护士，你将如何对该病人进行问诊及体格检查？

任务 2：根据评估结果，请列出主要护理诊断。

任务 3：应如何对该病人进行病情观察？

任务 4：作为责任护士，你将采取哪些措施配合医生治疗？

任务 5：行甲状腺次全切除术后，病人出现高热、心动过速、恶心、呕吐、大汗、烦躁不安，紧急测量生命体征：T 41.0℃，P 142 次/分，R 32 次/分，Bp 100/60mmHg。

请问：（1）此时应警惕病人发生了什么并发症？
（2）作为责任护士，你将如何配合医生进行抢救？
（3）该病人病情加重的原因是什么？
（4）如何对该病人进行营养状态的评估？

第六节 病毒性肝炎病人的护理评估综合实训

【学习目标】

识记 传染病病人常见症状及其评估要点。

皮肤检查、浅表淋巴结检查、意识状态评估、神经系统检查要点。

理解　传染病病人常见症状的病因及发病机制。

运用　能够依据护理程序对病毒性肝炎病人进行问诊及体格检查。

能够正确实施心电监护、生命体征测量、静脉输液、吸氧等操作。

能够提出相关护理诊断及其相关因素。

能够正确书写“首次入院护理评估单”。

【知识准备】

1. 问诊的方法、内容、沟通技巧。

2. 传染病病人常见症状评估。

3. 皮肤检查、浅表淋巴结检查、意识状态评估、神经系统检查的内容、方法以及常见异常体征的临床意义。

4. 心电监护、生命体征测量、静脉输液、吸氧等基础护理操作方法及注意事项。

【案例导入】

某病人，女，65 岁，农民，因“恶心、食欲缺乏伴腹胀 6 天”入院。病人于 6 天前无明显诱因出现恶心、食欲缺乏，伴有腹胀，无呕吐，无发热、黄疸，无皮肤瘙痒及白陶土样大便，无呕血、黑便。病后未予特殊处理，今为求进一步诊治，遂来我院就诊，门诊以“病毒性肝炎，乙型；慢性重型肝炎”收入院。入院后病人情绪不稳，回答问题正确，但有时吐字不清，动作缓慢。

【实训任务】

任务 1：作为责任护士，你将如何对该病人进行问诊及体格检查？

任务 2：根据评估结果，请列出主要护理诊断。

任务 3：应如何对该病人进行病情观察？

任务 4：作为责任护士，你将采取哪些措施配合医生治疗？

任务 5：入院第二天，病人进食鸡蛋羹后，出现昏睡状态。体检发现病人出现锥体束征阳性，脑电图有异常波形。

请问：（1）此时应警惕病人发生了什么并发症？

（2）作为责任护士，你将如何配合医生进行抢救？

（3）该病人病情加重的原因是什么？

（4）如何对该病人进行意识状态的评估？

参考文献

蔡芬，吴珊云，2015. 诊断学与健康评估实训指导. 长沙：湖南科学技术出版社.
费勤福，2015. 病历书写规范. 合肥：安徽科学技术出版社.
葛均波，徐永健，2013. 内科学. 8 版. 北京：人民卫生出版社.
刘玉成，2001. 健康评估. 2 版. 北京：人民卫生出版社.
吕探云，王蓓玲，2008. 健康评估. 上海：复旦大学出版社.
史云菊，王琰，2015. 护理学导论. 郑州：郑州大学出版社.
孙玉梅，张立力，2017. 健康评估. 4 版. 北京：人民卫生出版社.
万学红，卢雪峰，2013. 诊断学. 8 版. 北京：人民卫生出版社.
杨志林，2016. 健康评估习题与题解. 长沙：中南大学出版社.
尹志勤，李秋萍，2009. 健康评估. 2 版. 北京：人民卫生出版社.
尤黎明，吴瑛，2017. 内科护理学. 6 版. 北京：人民卫生出版社.
中国法制出版社，2015. 中华人民共和国医疗与计划生育法律法规全书（2015）含相关政策及典型案例. 北京：中国法制出版社.
NANDA International，2015. 黄静微，曾诗雯，庄琬筌译. NANDA International 护理诊断定义与分类 2015-2017. 7 版. 中国台北：华杏出版社.

附　录

附录一　NANDA 护理诊断一览表（2015—2017）

领域 1：健康促进（Health Promotion）

缺乏娱乐活动（Deficient Diversional Activity）
久坐的生活方式（Sedentary Lifestyle）
老年综合征（Frail Elderly Syndrome）
有老年综合征的危险（Risk for Frail Elderly Syndrome）
健康维护无效（Ineffective Health Maintenance）
健康管理无效（Ineffective Health Management）
有健康管理改善的趋势（Readiness for Enhanced Health Management）
家庭健康管理无效（Ineffective Family Health Management）
不依从行为（Noncompliance）
防护无效（Ineffective Protection）

领域 2：营养（Nutrition）

母乳不足（Insufficient Breast Milk）
母乳喂养无效（Ineffective Breastfeeding）
母乳喂养中断（Interrupted Breastfeeding）
有母乳喂养改善的趋势（Readiness for Enhanced Breastfeeding）
无效性婴儿喂养型态（Ineffective Infant Feeding Pattern）
营养失调：低于机体需要量（Imbalanced Nutrition：Less Than Body Requirements）
营养失调：高于机体需要量（Imbalanced Nutrition：More Than Body Requirements）
有营养改善的趋势（Readiness for Enhanced Nutrition）
肥胖（Obesity）
超重（Overweight）
有超重的危险（Risk for Overweight）
吞咽障碍（Impaired Swallowing）
有血糖不稳定的危险（Risk for Unstable Glucose Level）
新生儿黄疸（Neonatal Jaundice）
有新生儿黄疸的危险（Risk for Neonatal Jaundice）
有肝功能受损的危险（Risk for Impaired Liver Function）
有电解质失衡的危险（Risk for Electrolyte Imbalance）
有体液平衡改善的趋势（Readiness for Enhanced Fluid Balance）
体液不足（Deficient Fluid Volume）
体液过多（Excess Fluid Volume）

有体液不足的危险（Risk for Deficient Fluid Volume）
有体液失衡的危险（Risk for Imbalanced Fluid Volume）

领域 3：排泄（Elimination and Exchange）

排尿障碍（Impaired Urinary Elimination）
有排尿功能改善的趋势（Readiness for Enhanced Urinary Elimination）
功能性尿失禁（Functional Urinary Incontinence）
溢出性尿失禁（Overflow Urinary Incontinence）
反射性尿失禁（Reflex Urinary Incontinence）
压力性尿失禁（Stress Urinary Incontinence）
急迫性尿失禁（Urge Urinary Incontinence）
有急迫性尿失禁的危险（Risk for Urge Urinary Incontinence）
尿潴留（Urinary Retention）
排便失禁（Bowel Incontinence）
便秘（Constipation）
感知性便秘（Perceived Constipation）
有便秘的危险（Risk for Constipation）
慢性功能性便秘（Chronic Functional Constipation）
有慢性功能性便秘的危险（Risk for Chronic Functional Constipation）
腹泻（Dianhua）
胃肠动力失调（Dysfunctional Gastrointestinal Motility）
有胃肠动力失调的危险（Risk for Dysfunctional Gastrointestinal Motility）
气体交换障碍（Impaired Gas Exchange）

领域 4：活动/休息（Activity/Rest）

失眠（Insomnia）
睡眠型态紊乱（Disturbed Sleep Pattern）
睡眠剥夺（Sleep Deprivation）
有睡眠改善的趋势（Readiness for Enhanced Sleep）
有失用综合征的危险（Risk for Disuse Syndrome）
床上活动障碍（Impaired Bed Mobility）
躯体活动障碍（Impaired Physical Mobility）
借助轮椅活动障碍（Impaired wheelchair Mobility）
坐起障碍（Impaired Sitting）
站立障碍（Impaired Standing）
移动能力障碍（Impaired Transfer Ability）
行走障碍（Impaired Walking）
疲乏（Fatigue）
游走状态（Wandering）
活动无耐力（Activity Intolerance）
有活动无耐力的危险（Risk for Activity Intolerance）
低效性呼吸型态（Ineffective Breathing Pattern）

心输出量减少（Decreased Cardiac Output）
有心输出量减少的危险（Risk for Decreased Cardiac Output）
有心血管功能受损的危险（Risk for Impaired Cariovascular Function）
外周组织灌注无效（Ineffective Peripheral Tissue Perfusion）
有外周组织灌注无效的危险（Risk for Ineffective Peripheral Tissue Perfusion）
有心脏组织灌注不足的危险（Risk for Decreased Cardiac Tissue Perfusion）
有脑组织灌注无效的危险（Risk for Ineffective Cerebral Tissue Perfusion）
有胃肠道灌注不足的危险（Risk for Ineffective Gastrointestinal Perlusion）
有肾脏灌注无效的危险（Risk for Ineffective Renal Perfusion）
自主呼吸障碍（Impaired Spontaneous Ventilation）
呼吸机依赖（Dysfunctional Ventilatory Weaning Response）
持家能力障碍（Impaired Home Maintenance）
有自理能力改善的趋势（Readiness for Enhanced Self-Care）
沐浴自理缺陷（Bathing Self-Care Deficit）
穿着自理缺陷（Dressing Self-Care Deficit）
进食自理缺陷（Feeding Self-Care Deficit）
如厕自理缺陷（Toileting Self-Care Deficit）
自我忽视（Self-Neglect）

领域5：感知/认知（Perception/Cognition）

单侧身体忽视（Unilateral Neglect）
急性意识障碍（Acute Confusion）
慢性意识障碍（Chronic Confusion）
有急性意识障碍的危险（Risk for Acute Confusion）
情绪控制失调（Labile Emotional Control）
冲动控制无效（Ineffective Impulse Control）
知识缺乏（Deficient Knowledge）
有知识增进的趋势（Readiness for Enhanced Knowledge）
记忆功能障碍（Impaired Memory）
语言沟通障碍（Impaired Verbal Communication）
有沟通增进的趋势（Readiness for Enhanced Communication）

领域6：自我感知（Self-Perception）

有希望增强的趋势（Readiness for Enhanced Hope）
有个人尊严受损的危险（Risk for Compromised Human Dignity）
无望感（Hopelessness）
自我认同紊乱（Disturbed Personal Identity）
有自我认同紊乱的危险（Risk for Disturbed Personal Identity）
有自我概念改善的趋势（Readiness for Enhanced Self-Concept）
情境性低自尊（Situational Low Self-Esteem）
有情境性低自尊的危险（Risk for Situational Low Self-Esteem）
长期低自尊（Chronic Low Self-Esteem）

有长期低自尊的危险（Risk for Chronic Low Self-Esteem）
体像紊乱（Disturbed Body Image）

领域 7：角色关系（Role Relationships）

照顾者角色紧张（Caregiver Role Strain）
有照顾者角色紧张的危险（Risk for Caregiver Role Strain）
养育功能障碍（Impaired Parenting）
有养育功能改善的趋势（Readiness for Enhanced Parenting）
有养育功能障碍的危险（Risk for Impaired Parenting）
有依附关系受损的危险（Risk for Impaired Attachment）
家庭运作过程失常（Dysfunctional Family Processes）
家庭运作过程改变（Interupted Family Processes）
有家庭运作过程改善的趋势（Readiness for Enhanced Family Processes）
关系无效（Ineffective Relationship）
有关系无效的危险（Risk for Ineffective Relationship）
有关系改善的趋势（Readiness for Enhanced Relationship）
父母角色冲突（Parental Role Conflict）
无效性角色行为（Ineffective Role Performance）
社会交往障碍（Impaired Social Interaction）

领域 8：性（Sexuality）

性功能障碍（Sexual Dysfunction）
性生活型态无效（Ineffective Sexuality Pattern）
生育进程无效（Ineffective Childbearing Process）
有生育进程无效的危险（Risk for Ineffective Childbearing Process）
有生育进程改善的趋势（Readiness for Enhanced Childbearing Process）
有母体与胎儿双方受干扰的危险（Risk for Disturbed Maternal/Fetal Dyad）

领域 9：应对/应激耐受性（Coping/Stress Tolerance）

创伤后综合征（Post-Trauma Syndrome）
有创伤后综合征的危险（Risk for Post Trauma Syndrome）
强暴创伤综合征（Rape-Trauma Syndrome）
迁移应激综合征（Relocation Stress Syndrome）
有迁移应激综合征的危险（Risk for Relocation Stress Syndrome）
活动计划无效（Ineffective Activity Planning）
有活动计划无效的危险（Risk for Ineffective Activity Planning）
焦虑（Anxiety）
对死亡的焦虑（Death Anxiety）
防卫性应对（Defensive Coping）
应对无效（Ineffective Coping）
有应对改善的趋势（Readiness for Enhanced Coping）
社区应对无效（Ineffective Community Coping）

有社区应对改善的趋势（Readiness for Enhanced Community Coping）
妥协性家庭应对（Compromised Family Coping）
无能性家庭应对（Disabled Family Coping）
有家庭应对改善的趋势（Readiness for Enhanced Family Coping）
无效性否认（Ineffective Denial）
恐惧（Fear）
悲伤（Grieving）
复杂性悲伤（Complicated Grieving）
有复杂性悲伤的危险（Risk for Complicated Grieving）
情绪调控受损（Impaired Mood Regulation）
有能力增强的趋势（Readiness for Enhanced Power）
无能为力感（Powerlessness）
有无能为力感的危险（Risk for Powerlessness）
恢复能力障碍（Impaired Resilience）
有恢复能力障碍的危险（Risk for Compromised Resilience）
有恢复能力增强的趋势（Readiness for Enhanced Resilience）
持续性悲伤（Chronic Sorrow）
压力负荷过重（Stress Overload）
自主性反射失调（Autonomic Dysreflexia）
有自主性反射失调的危险（Risk for Autonomic Dysreflexia）
婴儿行为紊乱（Disorganized Infant Behavior）
有婴儿行为紊乱的危险（Risk for Disorganized Infant Behavior）
有婴儿行为调节改善的趋势（Readiness for Enhanced Organized Infant Behavior）
颅内调适能力降低（Decreased Intracranial Adaptive Capacity）

领域 10：生活准则（Life Principles）

有精神安适增进的趋势（Readiness for Enhanced Spiritual Well-being）
有决策能力增强的趋势（Readiness for Enhanced Decision-making）
抉择冲突（Decisional Conflict）
独立决策能力减弱（Impaired Emancipated Decision-making）
有独立决策能力增强的趋势（Readiness for Enhanced Emancipated Decision-making）
有独立决策能力减弱的趋势（Risk for Impaired Emancipated Decision-making）
道德困扰（Moral Distress）
宗教信仰减弱（Impaired Religiosity）
有宗教信仰增强的趋势（Readiness for Enhanced Religiosity）
有宗教信仰减弱的危险（Risk for Impaired Religiosity）
精神困扰（Spiritual Distress）
有精神困扰的危险（Risk for Spiritual Distress）

领域 11：安全/防护（Safety/Protection）

有感染的危险（Risk for Infection）
清理呼吸道无效（Ineffective Airway Clearance）

有误吸的危险（Risk for Aspiration）
有出血的危险（Risk for Bleeding）
有干眼症的危险（Risk for Dry Eye）
有跌倒的危险（Risk for Falls）
有受伤的危险（Risk for Injury）
有角膜受损的危险（Risk for Corneal Injury）
有手术期体位性损伤的危险（Risk for Perioperative-Positioning Injury）
有热损伤的危险（Risk for Thermal Injury）
有尿道损伤的危险（Risk for Urinary Tract Injury）
牙齿受损（Impaired Dentition）
口腔黏膜受损（Impaired Oral Mucous Membrane）
有口腔黏膜受损的危险（Risk for Impaired Oral Mucous Membrane）
有外周神经血管功能障碍的危险（Risk for Peripheral Neurovascular Dysfunction）
有压疮的危险（Risk for Ulcer）
有休克的危险（Risk for Shock）
皮肤完整性受损（Impaired Skin Integrity）
有皮肤完整性受损的危险（Risk for Impaired Skin Integrity）
有婴儿猝死综合征的危险（Risk for Sudden Infant Death Syndrome）
有窒息的危险（Risk for Suffocation）
术后康复迟缓（Delayed Surgical Recovery）
有术后康复迟缓的危险（Risk for Delayed Surgical Recovery）
组织完整性受损（Impaired Tissue Integrity）
有组织完整性受损的危险（Risk for Impaired Tissue Integrity）
有外伤的危险（Risk for Trauma）
有血管损伤的危险（Risk for Vascular Trauma）
有对他人施行暴力的危险（Risk for Other-Directed Violence
有对自己施行暴力的危险（Risk for Self-Directed Violence）
自残（Self-Mutilation）
有自残的危险（Risk for Self-Mutilation）
有自杀的危险（Risk for Suicide）
受污染（Contamination）
有受污染的危险（Risk for Contamination）
有中毒的危险（Risk for Poisoning）
有碘造影剂不良反应的危险（Risk for Adverse Reaction to Iodinated Contrast Media）
有过敏反应的危险（Risk for Allergy Response）
乳胶过敏反应（Latex Allergy Response）
有乳胶过敏反应的危险（Risk for Latex Allergy Response）
有体温失调的危险（Risk for Imbalanced Body Temperature）
体温过高（Hyperthermia）
体温过低（Hypothermia）
有体温过低的危险（Risk for Hypothermia）

有手术期体温过低的危险（Risk for Perioperative Hypothermia）
体温调节无效（Ineffective Thermoregulation）

领域 12：舒适（Comfort）

有舒适增进的趋势（Readiness for Enhanced Comfort）
舒适度减弱（Impaired Comfort）
恶心（Nausea）
急性疼痛（Acute Pain）
慢性疼痛（Chronic Pain）
分娩疼痛（Labor Pain）
慢性疼痛综合征（Chronic Pain Syndrome）
有孤独的危险（Risk for Loneliness）
社交孤立（Social Isolation）

领域 13：生长/发展（Growth/Development）

有发育迟缓的危险（Risk for Delayed Development）
有生长比例失调的危险（Risk for Disproportionate Growth）

附录二　各系统常用的医护合作性问题

（一）心血管系统常见潜在并发症

心功能不全
心律不齐
肺水肿
心源性休克
肺栓塞
深静脉血栓形成
弥散性血管内凝血（DIC）

（二）呼吸系统常见潜在并发症

低氧血症
氧中毒
肺萎陷
喉头水肿
气胸
呼吸衰竭
肺性脑病

（三）消化系统常见潜在并发症

消化道出血
消化道穿孔
肝功能衰竭或肝性脑病
肝肾综合征
高胆红素血症
胆囊穿孔

（四）神经系统常见潜在并发症

颅内压增高
脑血管意外（卒中）
惊厥发作

（五）泌尿系统常见潜在并发症

肾功能不全、尿毒症
尿潴留
肾性高血压

（六）生殖系统常见潜在并发症

产前出血
早产

妊娠高血压综合征
胎儿窘迫
产后出血

（七）肌肉骨髓系统常见潜在并发症

病理性骨折
骨质疏松症
关节错位
废用综合征

（八）血液系统常见潜在并发症

血小板减少（出血）
粒细胞减少（感染）
溶血危险

（九）免疫系统常见潜在并发症

败血症
机会感染
过敏反应

（十）内分泌系统和代谢疾病常见潜在并发症

甲状腺功能亢进症危象
甲状旁腺亢进危象
低血糖或低血糖昏迷
电解质紊乱（低钾或高钾、低镁或高镁、低钙或高钙、低钠或高钠、低氯或高氯血症）
负氮平衡
酸中毒（代谢性、呼吸性）
碱中毒（代谢性、呼吸性）

（十一）药物治疗的常见潜在并发症

抗凝血治疗的副作用

附录三　护理病历首页（入院评估表）

科别：________　病室：________　床号：________　住院号：________

姓名：________　性别：________　年龄：________　婚姻：________　民族：________　籍贯：________

职业：________　文化程度：________　现住址：________　入院日期：________　入院方式：________

医疗费用支付方式：________　入院医疗诊断：________　记录日期：________　叙述人：________　可靠程度：________

主管医生：________　主管护士：________

病史

主诉：

现病史：

既往史：

既往健康状况：良好□　一般□　差□

疾病史（含传染病）：无□　有□（描述：　）

外伤史：无□　有□（描述：　）

手术史：无□　有□（描述：　）

过敏史：无□　有□（描述：　）

目前用药情况：无□　有□

药物名称	剂量与用法	末次用药时间	疗效	不良反应

健康感知与健康管理	自觉健康状况：良好□　一般□　较差□ 家族遗传性疾病史：无□　有□（描述：　） 吸烟：无□　有□（约________年，平均________支/日，戒烟：未□　已□________年） 嗜酒：无□　有□（约________年，平均________两/日，戒酒：未□　已□　________年） 其他嗜好：无□　有□（描述：　） 遵从医护人员健康指导：是□　否□（原因：　）
营养代谢	饮食型态：普食□（　餐/日）　软食□（　餐/日）　半流质□（　餐/日） 流质□（　餐/日）　禁食□（　餐/日） 忌食□（描述：　） 治疗饮食□（描述：　） 食欲：正常□　亢进□　食欲减退□ 近期体重变化：无□　有□（体重增加约________kg/月，体重减轻约________kg/月） 饮水：正常□　多饮□（　ml/d）　限制饮水□（　ml/d） 咀嚼困难：无□　有□（原因：　） 吞咽困难：无□　有□（原因：　）
排泄	排便：正常□　便秘□　腹泻□（　次/日）　失禁：无□　有□（　次/日） 造瘘：无□　有□（类型：　；能否处理　能□　否□） 应用泻药：无□　有□（药物名称：　；用法：　） 排尿：正常□　增多□（　次/日）　减少□（　次/日）　颜色：（　） 排尿异常：无□　有□（描述：　）
活动运动	生活自理能力（1～3级）

	自理=1级	协助=2级	完全依赖=3级
进食：	□	□	□
洗漱：	□	□	□
如厕：	□	□	□
洗澡：	□	□	□

续表

活动运动	穿衣：□ □ □ 行走：□ □ □ 上下楼梯：□ □ □ 活动耐力：正常□ 容易疲劳□ 咳嗽：无□ 有□ 咳痰：无□ 易咳出 □不易咳出□ 吸痰□
睡眠休息	睡眠：正常□ 入睡困难□ 多梦□ 早醒□ 失眠□ 睡眠/休息后精力充沛：是□ 否□ 辅助睡眠：无□ 有□（描述： ）
认知感知	疼痛：无□ 有□（描述： ） 视力：正常□ 近视□ 远视□ 失明□（左□ 右□） 听力：正常□ 耳鸣□ 减退□（左□ 右□）耳聋□（左□ 右□） 助听器：无□ 有□ 眩晕：无□ 有□（原因： ） 定向力：正常□ 障碍□ 记忆力：良好□ 减退□（短时记忆□ 长时记忆□）丧失□ 注意力：正常□ 分散□ 语言能力：正常□ 失语□ 构音障碍□ 其他□（ ）
自我概念	自我感觉：良好□ 不良□ 情绪状态：正常□ 紧张□ 焦虑□ 抑郁□ 愤怒□ 恐惧□ 绝望□
角色关系	就职情况：胜任□ 勉强胜任□ 不能胜任□ 家庭关系：和睦□ 紧张□ 其他□（ ） 社会交往：正常□ 较少□ 回避□ 角色适应：良好□ 角色冲突□ 角色缺如□ 角色强化□ 角色消退□ 家庭及个人经济情况：够用□ 勉强够用□ 不够用□
性与生殖	月经：正常□ 失调□ 经量：正常□ 一般□ 较多□ 较少□ 孕次：（ ）产次：（ ） 性生活：正常□ 异常□（ ）
压力应对	对疾病住院反应：否认□ 适应□ 依赖□ 过去1年内重要生活事件：无□ 有□（描述： ） 适应能力：能独立解决问题□ 需要帮助□ 依赖他人解决□ 照顾者：胜任□ 勉强胜任□ 不胜任□ 家庭应对：忽视□ 能满足□ 过于关心□
价值信念	宗教信仰：无□ 有□（ ）
体格检查	
生命体征	体温： ℃ 脉搏： 次/分 呼吸： 次/分 血压： mmHg
全身状态	身高： cm 体重： kg 营养状态：无□ 有□ 不良：肥胖□ 消瘦□ 恶病质□ 面容：正常□ 异常□（描述： ） 意识状态：清醒□ 障碍□（类型： ） 体位：自动体位 被动体位□ 强迫体位□（类型： ） 步态：正常□ 异常□（类型： ）
皮肤黏膜	色泽：正常□ 潮红□ 苍白□ 发绀□ 黄染□ 其他□（ ） 湿度：正常□ 干燥□ 潮湿□ 温度：正常□ 热□ 冷□ 弹性：正常□ 减退□ 完整性：完整□ 皮疹□（部位： ）出血□（部位： ）破损□（部位： ） 瘙痒：无□ 有□（描述： ） 水肿：无□ 有□（描述： ）

续表

淋巴结	正常□ 肿大□（描述： ）
头部	眼睑：正常□ 水肿□ 结膜：正常□ 水肿□ 出血□ 巩膜：正常□ 黄染□ 瞳孔：正常□ 异常□（描述： ） 对光反射：正常□ 迟钝□ 消失□ 口唇：红润□ 发绀□ 苍白□ 疱疹□ 其他□（ ） 口腔黏膜：正常□ 出血点□ 溃疡□ 其他□（ ）
颈部	颈项强直：无□ 有□ 颈静脉：正常□ 充盈□ 怒张□ 气管：居中□ 偏移□（描述： ） 肝颈静脉回流征：阴性□ 阳性□
胸部	吸氧：无□ 有□（描述： ） 呼吸方式：自主呼吸□ 机械呼吸□（描述： ） 呼吸节律：规则□ 不规则□（描述： ） 呼吸困难：正常□ 异常□（描述： ） 啰音：无□ 有□（描述： ） 心率： 次/分 心律：齐□ 不齐□ 杂音：无□ 有□（描述： ）
腹部	外形：正常□ 膨隆□（腹围 cm） 肠型：无□ 有□ 胃肠蠕动波：无□ 有□（描述： ） 腹肌紧张：无□ 有□（描述： ） 肝大：无□ 有□（描述： ） 压痛：无□ 有□（描述： ） 反跳痛：无□ 有□（描述： ） 移动性浊音：阴性□ 阳性□ 肠鸣音：正常□ 亢进□ 减弱□ 消失□
肛门、生殖器	未查□ 正常□ 异常□（描述： ） 未查□ 正常□ 异常□（描述： ）
脊柱四肢	脊柱：正常□ 异常□（描述： ）活动：正常□ 受限□ 四肢：正常□ 异常□（描述： ）活动：正常□ 受限□
神经系统	肌张力：正常□ 增强□ 减弱□ 瘫痪：无□ 有□（描述： ） 巴宾斯基征：阴性□ 阳性□ 其他：（描述： ）
实验室及其他检查（可作护理诊断依据的各种实验室、器械等检查结果）	
主要护理诊断： 签名： 日期：	

附录四　常用心理社会评估量表

表 1　Avillo 情绪情感形容词检表

	1	2	3	4	5	6	7	
变化的								稳定的
举棋不定的								自信的
沮丧的								高兴的
孤立的								合群的
混乱的								有条理的
漠不关心的								关切的
冷淡的								热情的
被动的								主动的
淡漠的								有兴趣的
孤僻的								友好的
不适的								舒适的
神经质的								冷静的

表 1 使用指南：该表有 12 对意思相反的形容词，让病人从每一组形容词中选出符合目前情绪与情感的词，并给予相应得分。总分在 84 分以上，提示情绪情感积极；否则，提示情绪情感消极。该表特别适合用于不能用语言表达自己情绪情感或对自己的情绪情感定位不明者。

表 2　Zung 氏焦虑自评量表

项目	偶尔	有时	经常	持续
1. 我觉得比平常容易紧张或着急	1	2	3	4
2. 我无缘无故地感到害怕	1	2	3	4
3. 我容易心里烦乱或感到惊慌	1	2	3	4
4. 我觉得我可能将要发疯	1	2	3	4
5. 我觉得一切都好，也不会发生什么不幸	4	3	2	1
6. 我手脚发抖打战	1	2	3	4
7. 我因为头痛、颈痛和背痛而苦恼	1	2	3	4
8. 我感觉容易衰弱和疲乏	1	2	3	4
9. 我心平气和，并且容易安静坐着	4	3	2	1
10. 我觉得心跳得很快	1	2	3	4
11. 我因为一阵阵头晕而苦恼	1	2	3	4
12. 我有晕倒发作，或觉得要晕倒似的	1	2	3	4
13. 我吸气呼气都感到很容易	4	3	2	1
14. 我的手脚麻木和刺痛	1	2	3	4
15. 我因为胃痛和消化不良而苦恼	1	2	3	4
16. 我常常要小便	1	2	3	4
17. 我的手脚常常是干燥温暖的	4	3	2	1
18. 我脸红发热	1	2	3	4
19. 我容易入睡而且一夜睡得很好	4	3	2	1
20. 我做噩梦	1	2	3	4

表 2 使用指南：请病人仔细阅读每一条，读懂后根据最近 1 周的实际情况在相应的方格里打“√”。如果病人文化程度太低，则由评估者逐条念给病人听，然后由病人自己做出评定。评完后将 20 项相加，得总分，然后乘以 1.25，取其整数部分，得到标准总分。正常标准总分值为 50 分以下。50～59 分，轻度焦虑；60～69 分，中度焦虑；70～79 分，重度焦虑。

表 3 Zung 氏抑郁自评量表

项目	偶尔	有时	经常	持续
1. 我觉得闷闷不乐，情绪低沉	1	2	3	4
2. 我觉得一天中早晨最好	4	3	2	1
3. 我一阵阵哭出来或觉得想哭	1	2	3	4
4. 我晚上睡眠不好	1	2	3	4
5. 我吃得跟平常一样多	4	3	2	1
6. 我与异性密切接触时和以往一样感到愉快	4	3	2	1
7. 我发觉我的体重在下降	1	2	3	4
8. 我有便秘的苦恼	1	2	3	4
9. 我心跳比平常快	1	2	3	4
10. 我无缘无故地感到疲乏	1	2	3	4
11. 我的头脑跟平常一样清楚	4	3	2	1
12. 我觉得经常做的事情并没有困难	4	3	2	1
13. 我觉得不安而平静不下来	1	2	3	4
14. 我对将来抱有希望	4	3	2	1
15. 我比平常容易生气激动	1	2	3	4
16. 我觉得做出决定是容易的	4	3	2	1
17. 我觉得自己是个有用的人，有人需要我	4	3	2	1
18. 我的生活过得很有意思	4	3	2	1
19. 我认为如果我死了，别人会生活得好些	1	2	3	4
20. 平常感兴趣的事我仍然感兴趣	4	3	2	1

表 3 使用指南：请病人仔细阅读每一条，读懂后根据最近 1 周的实际情况在相应的方格里打√。如果病人文化程度太低，则由评估者逐条念给病人听，然后由病人自己做出评定。评完后将 20 项相加，得总分，然后乘以 1.25，取其整数部分，得到标准总分。正常标准：总分值为 50 分以下；50～59 分，轻度抑郁；60～69 分，中度抑郁；70～79 分，重度抑郁。

表 4 Rosenberg 自尊量表

项目	非常符合	符合	不符合	很不符合
1. 我感到我是一个有价值的人	4	3	2	1
2. 我感到我有许多好的品质	4	3	2	1
3. 归根结底，我倾向于觉得自己是一个失败者	1	2	3	4
4. 我能像大多数人一样把事情做好	4	3	2	1
5. 我感到自己值得自豪的地方不多	1	2	3	4
6. 我对自己持肯定态度	4	3	2	1
7. 总的来说，我对自己是满意的	4	3	2	1
8. 我希望我能为自己赢得更多尊重	4	3	2	1
9. 我确实时常感到自己毫无用处	1	2	3	4
10. 我时常认为自己一无是处	1	2	3	4

表 4 使用指南：总分范围为 10～40 分，分值越高，自尊程度越高。

表 5　Procidano 与 Heller 的家庭支持量表

家庭支持度	是	否
1. 我的家人给予我所需的精神支持		
2. 遇到棘手的事时，我的家人帮我出主意		
3. 我的家人愿意倾听我的想法		
4. 我的家人给予我情感支持		
5. 我与我的家人能开诚布公地交谈		
6. 我的家人分享我的爱好与兴趣		
7. 我的家人能时时察觉到我的需求		
8. 我的家人善于帮助我解决问题		
9. 我与家人感情深厚		

表 5 使用指南：是=1 分，否=0 分。总得分越高，家庭支持度越高。

附录五　部分思考题参考答案

第一章

第一节	1～5. AAEEC	6～10. DECBD	
第二节	1～5. DEDBB	6～9. ABBA	
第三节	1～5. EACAA	6～9. DCCA	
第四节	1～5. EBDDA	6～7. CC	
第五节	1～5. CBDCC	6～7. AB	
第六节	1～5. ADCBB		
第七节	1～5. ABBDB	6～9. BBAA	
第八节	1～5. BCBCC	6～10. CABAB	11. C
第九节	1～5. BBADD	6～10. BADBB	11～14. DAAB
第十节	1～5. ADBBD	6～10. BCBBC	

第二章

第一节	1～5. BDAAE	6～9. BADB	
第二节	1～5. DBAAB	6～10. DBBDC	
第三节	1～4. BBCA		
第四节	1～5. DADCC	6～10. AEBEE	
第五节	1～4. BDAE		
第六节	1～5. DCCAD	6～10. DDBBA	11. D
第七节	1～5. EAAEB	6～10. EDCEA	11～12. EC
第八节	1～4. BDAA		
第九节	1～5. EBAEE	6～8. EEC	

第三章

第一节	1～5. DCBBC	6～7. DB
第二节	1～5. BDACC	6～7. BA

第四章

1～5. AEEAB